STREETBALL
und 120 andere
COOLE SPIELIDEEN

Friedhelm Heitmann

**Verlag
an der Ruhr**

Impressum

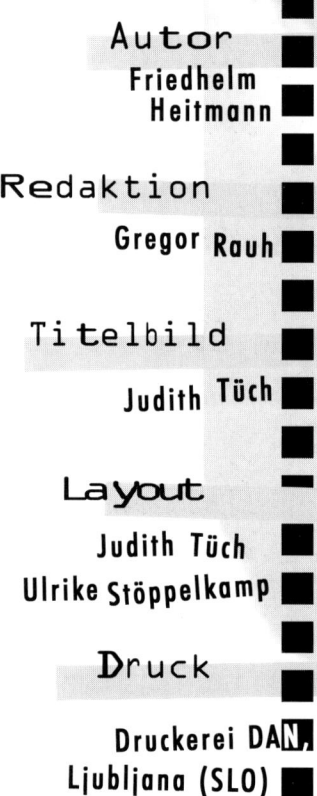

Autor
Friedhelm
Heitmann

Redaktion
Gregor Rauh

Titelbild
Judith Tüch

Layout
Judith Tüch
Ulrike Stöppelkamp

Druck
Druckerei DAN,
Ljubljana (SLO)

© **Juni 1995** beim Verlag an der Ruhr
Postfach 10 22 51, 45422 Mülheim an der Ruhr

ISBN 3-86072-178-X

Inhalt

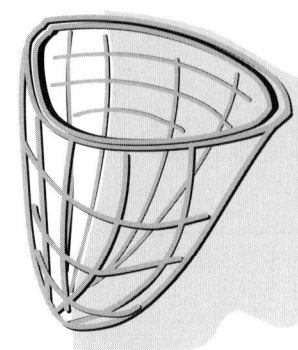

Hauptsache, es tut sich wieder was. Aus den **USA** kommt "Sport sofort". Spielen und sportlich aktiv werden kann jeder, auch ohne sich einem Verein zu verpflichten und ohne kostspielige Anschaffungen tätigen zu müssen. Es gibt den Trend, klassische Sportarten zu "Straßenvarianten" abzuspecken. Daß die Kids diese Spielideen geradezu supercool finden, belegen die extrem populären Streetball-, Beach-Volleyball- und Calcetto-Turniere. Die atemberaubende Ausschlachtung dieses Trends durch alle großen Sporthersteller ist vielleicht bedenklich, spricht aber nicht gegen die neuen Spielideen.

Das Buch hilft Eltern wie Lehrern, mit ihren Kids mithalten zu können. Aber auch für die Kids selber wurde dieses Buch geschrieben. Alle Leser finden hier Spielanleitungen für neue Ballspiele und Variationsvorschläge, die traditionellen Sportarten wie Tischtennis, Volleyball oder Fußball neuen Schwung verleihen. Aufgenommen haben wir auch Spiele, die im öffentlichen Bewußtsein ein Schattendasein führen, die uns aber dennoch cool und/oder spielenswert erschienen.

coole Spielideen

Basketball und andere

Präsentiert werden insgesamt 45 Sportarten mit weit über 100 Spielvarianten rund um den Ball und andere Objekte (Puck, Frisbee, Ring …). Die Spielidee und die Grundregeln werden kurz vorgestellt, dazu gibt's Hinweise zum Spielumfeld und zur Ausrüstung sowie Tips zur Spielpraxis. Für weitere Fragen zu den Sportarten, z.B. in bezug auf Regeln oder Kontakte, sind am Ende jeden Abschnitts die Adressen und Telefon- bzw. Fax-nummern der zuständigen Verbände angegeben. Spaß machen die Spiele aber auch dann, wenn man sich nicht hundertprozentig an die neuesten offiziellen Regeln hält, sondern sich seine eigenen formuliert.

Sie können alle Spiele nach eigenen Ideen (um)gestalten:
Erlaubt ist, was gefällt und fair ist.
Um Spiele zu verändern gibt es prinzipiell folgende Möglichkeiten:
• Abänderung der "Inventarregel"
(z.B. das Spielen mit einem anderen Ball)
• Abänderung der "Raumregel"
(z.B. die Verkleinerung der Spielfläche)
• Abänderung der "Personalregel"
(z.B. die Verringerung der Spieleranzahl je Team)
• Abänderung der "Zeitregel"
(z.B. die Erhöhung der Spielzeit)
• Abänderung der "Handlungsregel"
(z.B. die Schaffung von mehr Freiheiten in der technischen Spielweise)

(Vgl. Helmut Digel: Sport verstehen und gestalten - Ein Arbeits- und Projektbuch; Reinbek bei Hamburg 1982 (u.a. S. 57)).

Geeignet sind die Spielvorschläge als Anreicherung des Sport-unterrichts an Schulen, für die Arbeit im Verein und als Anregung für alle, die in Ihrer Freizeit gerne Sport treiben.
Hier kommen alle auf ihre Kosten: Der Kraftmeier wird sein Spiel ebenso finden wie der geduldige Liebhaber filigraner Frickel-Technik. Was zählt, ist der Spaß im Team und die Freude an der Bewegung.

Friedhelm Heitmann

Übrigens:
Wenn wir "Spieler" schreiben, meinen wir natürlich Spieler und Spielerinnen.

American Football

Der US-Publikums-
liebling setzt an
zum Touchdown in
deutsche Sportherzen.
Seit Ende der 70er Jahre
kämpfen die Rasen-Rambos
auch in Europa, und im
AFVD (American Football
Verband Deutschland)
spielen knapp 200 Vereine
mit 15.000 Mitgliedern.
Wer mitspielen will, darf
allerdings nicht zimperlich
sein, denn American
Football ist ein Voll-
Kontakt-Sport, bei
dem es rauh zugeht.

(vor allem Helm und Shoulder-Pad) erlaubt eine äußerst harte Spielweise. Die Spieler dürfen tackeln, rempeln, rammen, sich mit dem Körper in die Beine des Gegners werfen und ihn auch am Trikot umreißen. Treten, gestrecktes Bein und Schlagen sind verboten. Ein Sakrileg ist es, dem Gegenspieler in das Gitter seines Helmes zu fassen oder sogar daran zu reißen. Für dieses Foul (Face Mask) wird das ganze Team mindestens 15 m zurückgeschickt!

Spielidee

Ein Team (mindestens 22 Spieler) besteht aus Offense und Defense. Die Offense soll Punkte machen und ist nur dann auf dem Feld, wenn das eigene Team im Ballbesitz ist. Die Defense dagegen soll verhindern, daß die gegnerische Offense punktet. Auf dem Feld (100 m x 50 m) hat ein Team immer 11 Spieler. Die Offense punktet, indem sie den wunderschönen, eiförmigen Ball in die Endzone hinter der gegnerischen Grundlinie trägt oder aber einer ihrer Spieler dort den Ball schnappt. Der Ball darf nur einmal nach vorne gepaßt werden. Der umfangreiche Körperschutz

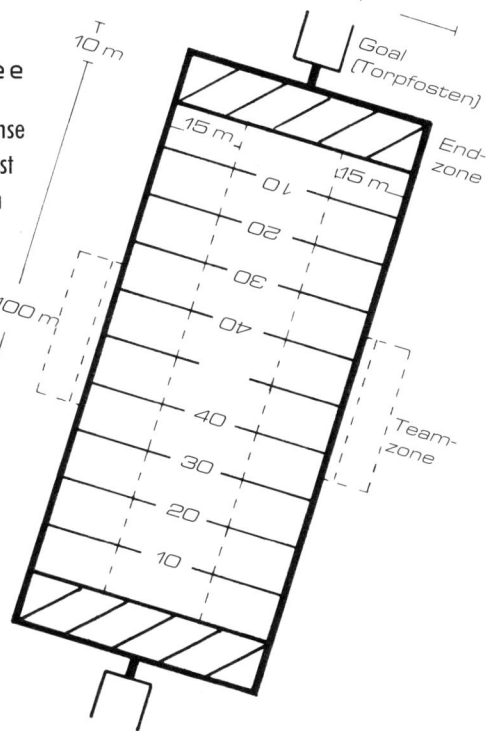

Grundaufstellung

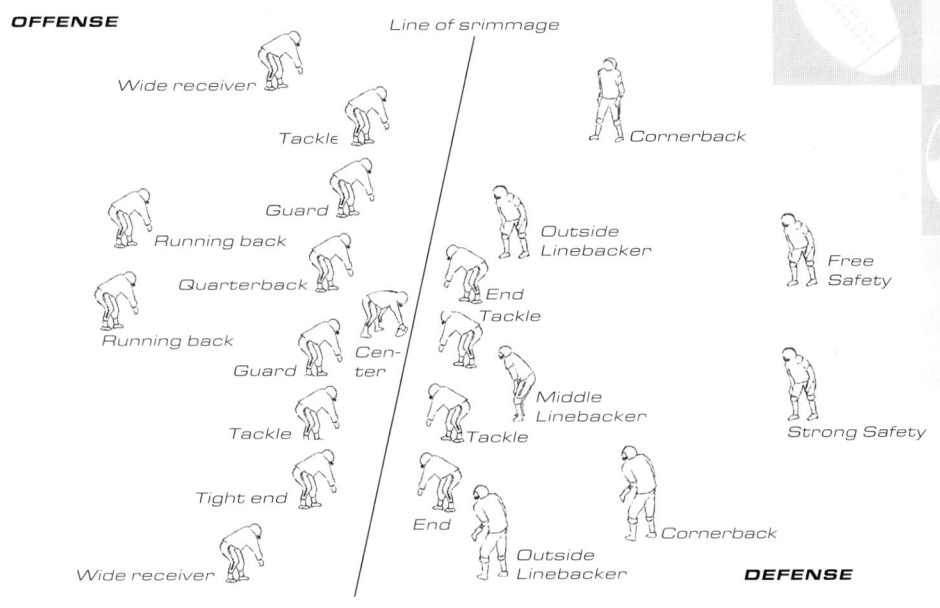

OFFENSE · Line of srimmage · DEFENSE

Wide receiver · Tackle · Guard · Running back · Quarterback · Running back · Guard · Center · Tackle · Tight end · Wide receiver

Cornerback · Outside Linebacker · End · Tackle · Middle Linebacker · Tackle · End · Outside Linebacker · Cornerback · Free Safety · Strong Safety

Spielverlauf

Das Spiel ist anders als beim Rugby in strategisch genau geplante, kurz und hart vorgetragene Spielzüge zerteilt. Die Offense bleibt nur so lange in Ballbesitz, wie es ihr gelingt, mit 4 Spielzügen (Versuchen) 10 yards (9,10 m) nach vorne zu kommen. Mit dem Kick-Off weit in die gegnerische Hälfte eröffnet ein Spieler der Defense das Spiel und das dritte der vier 15-minütigen Viertel. Ein Offense-Spieler schnappt den Kick-Off und trägt ihn so weit wie möglich zurück. An der Stelle, wo die Defense diesen Kick-Off-Return stoppt, beginnt die Offense mit ihren ersten 4 Versuchen. Offense- und Defense-Line stehen sich gegenüber. Hinter der Line stehen bei der Offense die Running-Backs, bei der Defense die Line-Backer und noch weiter hinten die Defense-Safeties. In der Mitte der Offense-Line steht der wuchtige Center. Hinter ihm steht der Quarterback, der Offense-Spielmacher. Der Quarterback gibt ein vereinbartes Kommando (z.B Down - Set - Hut!), daraufhin reicht ihm der Center durch die Beine blitzschnell den Football. Erst wenn der Center den Ball bewegt, darf die gedachte Trennungslinie zwischen Defense und Offense (Line Of Scrimmage) überschritten werden. Die Offense-Line muß ihren Quarterback vor den drängenden Defense-Spielern so lange schützen, bis er den Ball an einen Ballträger abgegeben hat. Die zweite Aufgabe der Offense-Line ist, den Running-Backs eine Lücke in die Defense-Line zu brechen. Das Größte für die Defense ist, den Quarterback mit Ball zu erwischen (Sack). Hat er den Ball nicht mehr, dürfen sie ihn nicht anfassen. Das Spiel wird sofort unterbrochen, wenn der Paß des Quarterbacks auf den Boden trifft (Incomplete) oder wenn der Ballträger mit Ball zu Fall gebracht worden ist. Die Paßempfänger dürfen erst attackiert werden, wenn sie den Ball haben. Sie vorher auch nur zu berühren gilt als Foul. Dafür darf die Offense sofort mindestens 5 m vorwärts. Wo ein Ballträger gestoppt wurde, beginnt der Center den nächsten Spielzug. Dazwischen aber kommt die Offense kurz zusammen (max. 20 Sekunden). Im sogenannten Huddle gibt der Quarterback den nächsten

Zählweise

Spielzug an. Sieht die Offense keine Chance mehr, mit dem vierten Versuch die 10 yards zu überwinden, geht der Quarterback raus. Für ihn kommt einer der für das American Football so typischen Spezialisten: der Kicker. Er versucht entweder, den Ball durch die verlängerten Pfosten zu schießen (Field Goal) oder einfach zur Schadensbegrenzung den Ball so weit wie möglich von der eigenen Grundlinie wegzuschießen (Punt). Wo der Punt-Return gestoppt wird, kommt dann die eigene Defense zum Einsatz.

Touchdown: Der Ball wird in die gegnerische Endzone getragen oder gepaßt (6 Punkte). Auch die Defense kann mit abgefangenen Pässen einen Touch-Down machen! Extra-Point: Nach einem Touch-Down kann die Offense versuchen, von der 2 yards-Linie zwischen den verlängerten Pfosten durchzuschießen (1 Punkt). Conversion: Anstatt eines Extra-Points kann die Offense von der 3 yards-Linie einen regulären Spielzug machen. Kommt sie damit in die Endzone, gibt es 2 Punkte. Field Goal: Ein Schuß durch die Pfosten, ohne vorherigen Touchdown (3 Punkte). Safety: Die Defense sackt den Quarterback bzw. tackelt einen seiner Ballträger in deren eigener Endzone (2 Punkte).

Foto: A. Hayt/NFL Photos

Das Tackling

Ausrüstung

Gespielt wird mit einem eiförmigen Football, der aus vier rauhen Lederstücken besteht. Bei billigen Lederbällen muß man damit rechnen, daß sich der Ball verzieht. Preisgünstiger und ebenfalls zugelassen sind Bälle aus Gummi (ab DM 25,-).

Um Verletzungen zu verhindern tragen, die Spieler eine umfangreiche Schutzausrüstung, bestehend aus

- einem wuchtigen Helm mit Gesichtsschutz-Gitter,
- einem Schulterschutz und Schutzpolstern (Pads) an Armen, Schultern, Ellenbogen sowie an an den Knien, Oberschenkeln, Schienbeinen und am Unterleib,
  - einem Mundschutz aus Plastik.

Streetball und andere **coole Spielideen**

Trikots und Hosen gibt es in sehr unterschiedlichen Qualitäts- und Preisklassen. Die Synthetik-Hosen für American Football sind sehr eng geschnitten, um dem Gegenspieler wenig Möglichkeit zum Packen des Stoffes zu geben, und auch das Trikot sollte nicht zu weit geschnitten sein. Reißfest muß alles sein. Footballschuhe müssen einen festen Stand und schnellen Antritt des Spielers gewährleisten. Sie sind leicht, verfügen über eine feste Nockensohle (Schraubstollen sind aus Sicherheitsgründen nicht zugelassen). Football-Textilien werden oft zu günstigen Preisen angeboten, die meist einhergehen mit billiger Qualität. Ein komplettes, qualitativ gutes Football-Equipment kostet in der Regel DM 1000,- bis DM 1300,-. Aber Achtung: In den Vereinen kann die Ausrüstung gegen eine Kaution manchmal geliehen werden.

Spielsituation im American Football

Foto: Ralph Peters

Spielvarianten

Die sanfteren Varianten des American Football, die hier u.a. vorgestellt werden, haben gleich mehrere Vorzüge: Die Spieler brauchen keinen Helm, kein Shoulder-Pad, die Verletzungsgefahr ist gering. Es können alle mitmachen, und sogar im Sportunterricht kann American Football gespielt werden.

Touchfootball: Wird mehr oder weniger nach den Regeln des American Football gespielt, aber: Die Gegner dürfen nicht körperlich attackiert, also nicht festgehalten oder getackelt werden. Stattdessen wird der Ballträger nur "abgeschlagen". Die anderen Spieler dürfen aber schon schieben und drücken. Es kann auf kleinerem Feld mit kleineren Teams gespielt werden.

Flagfootball: Hier tragen die Spieler ein oder auch zwei Tücher (je nach Vereinbarung) an den Hüften (eingeklemmt im Hosenbund). Gelingt es der Defense, dem Ballträger der Offense ein Tuch aus dem Hosenbund zu ziehen, gilt das als Tackling. Auch hier sind harte körperliche Attacken (festhalten, tackling etc.) verboten. Zu jedem Team gehören 6-8 Spieler. Spielfeldgröße: 70 m x 40 m.

Mini-Football: Die beiden Footballvarianten können auch in kleinen Sporthallen gespielt werden. Das Spielfeld hat eine Länge von 25-35 m und die Endzonen werden mit Weichbodenmatten markiert. Die beiden Viererteams spielen nach stark vereinfachten Regeln: Jedes Team hat maximal 3 Versuche, den Ball in die gegnerische Endzone zu bringen, und bekommt pro Touch-Down einen Punkt.

Adresse
American Football Verband Deutschland
Georg-Brauchle-Ring 93
80992 München
Tel.: 089 - 15 70 22 38/9
Fax: 089 - 15 70 22 37

Streetball und andere coole Spielideen

Badminton

Es ist viel anstrengender als Tennis und mindestens genauso attraktiv. Die größten Matches werden nicht in Wimbledon, sondern in der Royal Albert Hall ausgetragen. Geschlagen wird kein Ball, sondern etwas Kleines, das Federn lassen muß und das nach vollbrachtem Tagwerk ausrangiert wird: Die Rede ist von Badminton, einem Sport, der demnächst olympische Premiere haben wird und zu den Boom-Sportarten gehört. 1980 zählte der Deutsche Badminton-Verband 70 000 Mitglieder, 1994 waren es schon 210 000.

Spielidee

Das Spiel hat seinen Namen von einem britischen Landsitz (Badminton House), wo es als Mitbringsel aus den asiatischen Kolonien 1872 zum ersten Mal in geregelter Weise vorgeführt wurde.

Badminton ist ein Racketspiel, das als Einzel (mit zwei Spielern) oder als Doppel (mit vier Spielern) ausgetragen wird. Gespielt wird auf einem markierten Feld, das durch ein Netz halbiert wird. Jedes Team versucht, den Federball mit einem Schläger so über das Netz zu schlagen, daß er im gegnerischen Feld auf den Boden auftrifft, bevor er zurückgeschlagen werden kann. Als Wettkampfsport wird Badminton bei uns - im Gegensatz zu den asiatischen Ländern - ausschließlich in der Halle ausgetragen. Als Freizeitsport (Federball) kann es auch im Freien gespielt werden.

Spielfeld

Das Spielfeld mißt 13,40 m x 5,18 m (Doppel: 6,10 m). Das Netz ist bescheidene 1,55 m hoch.

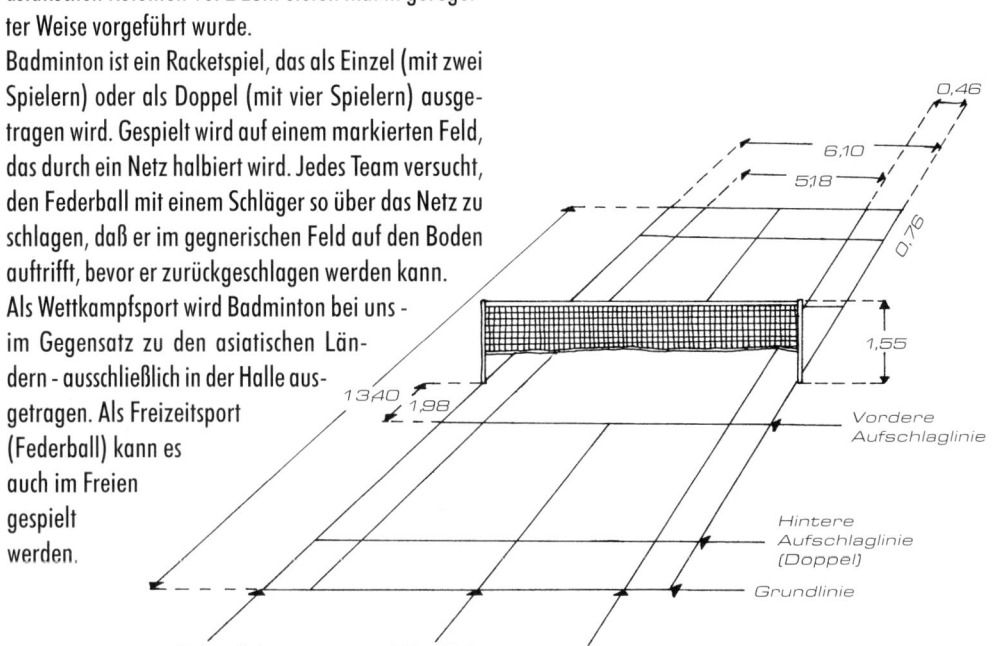

0,46
6,10
5,18
0,76
1,55
1340 1,98

Vordere Aufschlaglinie

Hintere Aufschlaglinie (Doppel)

Grundlinie

Seitenlinie Doppel

Mittellinie

Seitenlinie Einzel

setzen. Der neue Spielstand lautet nun Null beide. Es gewinnt, wer zuerst 3 Punkte erreicht hat.

Wer schlägt auf?

Unterschieden wird zwischen der Partei, die den Aufschlag des Federballs ausführt ("Aufschläger" oder "Innenseite") und der Partei, die den Aufschlag erwartet ("Rückschläger" oder "Außenseite"). Macht der Aufschläger einen Fehler, geht der Aufschlag an den Gegner. Begeht der Rückschläger einen Fehler, gewinnt der Aufschläger einen Punkt. Punkte erzielen kann also nur der Aufschläger. Die Seite, die einen Satz gewinnt, hat das Aufschlagsrecht für den folgenden Satz. Beim Doppel wird der erst nach 2 Fehlern das Aufschlagsrecht verloren (außer beim ersten Aufschlag zu Satzbeginn). Bei Beginn des Satzes hat nur ein Spieler den ersten Aufschlag. Danach haben die beiden Partner eines Teams abwechselnd (je einmal) das Aufschlagsrecht.

Wo wird aufgeschlagen?

Der Aufschlag erfolgt in das diagonal gegenüberliegende Aufschlagfeld. Im Einzelspiel hat der Aufschläger bei eigenem geraden Punktestand (0, 2, 4, 6 ...) den Federball vom rechten Aufschlagfeld in das Spiel zu bringen. Wenn der eigene Punktestand ungerade ist (1, 3, 5, 7 ...), wird vom linken Aufschlagfeld aus aufgeschlagen. Im Doppelspiel erfolgt der Aufschlag ebenfalls abwechselnd vom rechten und linken Aufschlagfeld.

Schlagwechsel beim Doppel?

Ist der Ball im Spiel, so müssen die Teampartner - im Gegensatz zum "Tischtennis" - den Federball nicht abwechselnd schlagen, aber der Ball darf in jeder Spielhälfte nur einmal geschlagen werden.

Grundregeln

Vor Beginn eines Spieles wird gelost. Der Gewinner kann
 a) den ersten Aufschlag machen oder
 b) das Aufschlagsrecht dem Gegner überlassen oder
 c) die Seite zu wählen.

Wer gewinnt?

Gespielt wird auf 2 Gewinnsätze. Sieger ist, wer als erster 2 Sätze für sich entscheidet. Die Spieler wechseln die Seiten bei Beginn des zweiten und bei Beginn des dritten Satzes, falls ein solcher ausgetragen wird.

Wie wird gezählt?

Doppel und Herreneinzel werden offiziell zu 15 Punkten gespielt. Die Spieler, die als erstes die Punktzahl erreichen, sind Satzgewinner. Beim Dameneinzel wird der zu 11 Punkten gespielt. Bei uns spielen Männer und Frauen die gleichen Sätze. Einigt Euch, ob Ihr bis 11 oder 15 spielen wollt.

Ein Spiel setzen:

Wenn in einem Spiel zu 15 Punkten das Ergebnis 13:13 lautet, kann die Seite, die zuerst 13 Punkte erreicht hat, das Spiel auf 5 setzen. Wird das Spiel gesetzt, lautet der neue Spielstand Null beide. Die Seite, die zuerst 5 Punkte erreicht hat, ist Gewinner.
Bei einem Spielstand von 14:14 hat die Seite, die zuerst 14 Punkte erreichte, die Wahl, das Spiel auf 3 zu

Fehler und Punkte

Als Fehler bzw. als Punkt für die Gegenseite wird gewertet, wenn der Federball

- nicht geschlagen wird, bevor er auf dem Boden auftrifft;
- außerhalb des Spielfeldes aufkommt;
- ins Netz fliegt;
- die Decke, die Seitenwände des Spielraums, den Körper oder die Bekleidung eines Spielers berührt;
- der Federball während der Ausführung des Schlags am Schläger gehalten wird (d.h. angehalten oder geworfen).

Als Fehler gilt weiterhin, wenn

- ein Spieler den Ball zweimal während des Schlages mit seinem Schläger trifft;
- ein Spieler und sein Partner den Ball nacheinander schlagen;
- der Ball von der gegnerischen Seite geschlagen wird, bevor er das Netz überquert (der Schlagende darf allerdings mit seinem Schläger dem Federball über das Netz folgen);
- ein Spieler das Netz (mit dem Schläger oder dem Körper) oder den Federball (mit dem Körper) berührt, während der Ball im Spiel ist;
- ein Spieler seinen Gegner behindert.

Fällt der Federball auf eine Begrenzungslinie, so gilt er als in das von dieser Linie begrenzte Feld gefallen.

Fehler beim Aufschlag

Aufschlagspieler und -empfänger müssen innerhalb der entsprechenden Grenzen ihrer Aufschlagfelder stehen. Berühren sie mit dem Fuß die Begrenzungslinie, so gilt dies als außerhalb. Die entsprechenden Partner dürfen jede Stellung einnehmen, jedoch den Gegner weder in der Sicht noch sonstwie behindern.

Weitere Aufschlagfehler:

- Der Federball befindet sich beim Aufschlag über der Gürtellinie des Aufschlägers.

- Der Schläger-Schaft zeigt im Augenblick des Aufschlages nicht in eine Abwärtsrichtung. Der gesamte Schlägerkopf liegt nicht erkennbar unterhalb der Höhe der Hand, die den Schläger hält.
- Beide Füße des Aufschlägers haben keinen Kontakt mit dem Boden.
- Der Ball landet im falschen Aufschlagfeld (nicht im diagonal gegenüberliegenden) oder
- vor der vorderen Aufschlaglinie oder jenseits der seitlichen Begrenzungslinie oder
- hinter der hinteren Aufschlaglinie des Feldes, in das der Aufschlag auszuführen ist.
- Vor oder während der Ausführung des Aufschlages wird eine Bewegungstäuschung gemacht oder ein Spieler verzögert vorsätzlich den Aufschlag (oder die Bereitschaft zur Aufschlagsannahme).

Ausrüstung

Badminton kann man mit einer simplen Turnhose und mit einem ebenso einfachen Turnhemd spielen. Selbstverständlich gibt es auch spezielle Sportkleidung und Badmintonschuhe in verschiedenen Preislagen. Wer einfache Turnschuhe benutzt, sollte darauf achten, daß sie nicht zu schwer sind und über eine rutschfeste Sohle verfügen.

Federballspiele gibt es - bestehend aus zwei Schlägern und einem Federball - schon ab DM 9,80. Ihre Lebensdauer ist allerdings sehr begrenzt. Badmintonschläger bestehen entweder aus Metall, Carbon-Graphit oder einer Kombination von Metallkopf und Carbon-/Graphitschaft. Bespannungen gibt es aus Naturdarm oder Kunststoff. Die Darmsaite ist elastischer als die Kunststoffsaite und vermittelt mehr Ballgefühl, die Kunstsaite ist dagegen oft haltbarer. Ein Metallschläger mit Kunststoffsaiten ist für den Anfänger, den Schul- und Freizeitsport völlig ausreichend und aus Kostengründen zu empfehlen: Gute Schläger gibt es ab DM 30,-. Die dazugehörigen Standard-Federbälle kosten ca. DM 1,- pro Stück und werden in Dosen à 6 oder 12 Stück verkauft. Der Kunststoffball ist in der Regel haltbarer als der Naturfederball, erreicht aber nicht ganz dessen Flugeigenschaften.

Spielvarianten

Federball: Natürlich kann man einfach Federball spielen, drinnen oder draußen, zu zweit oder in einer großen Gruppe, mit oder ohne Netz bzw. Leine, ohne Gewinnsätze und völlig losgelöst von den offiziellen Badminton-Regeln. Viel Spaß macht es auch, Badminton auf Rollschuhen, auf Schlittschuhen oder - an einem windstillen Tag - im Wasser zu spielen.

Mini-Badminton: Wir spielen auf einem Spielfeld mit einer vom Standardspielfeld abweichenden Größe (z.B. 8 m x 3 m). Im hinteren Bereich jeder Spielfeldhälfte werden zwei Aufschlagfelder (2 m x 1,5 m) markiert.

Kettenball: Alle zum Team gehörenden Spieler fassen sich an die Hände und bilden eine an beiden Enden offene Kette. Die äußeren Spieler haben in ihrer freien Hand jeweils einen Schläger, mit dem sie den Ball spielen.

Federvolleyball: Hier wird mehr oder weniger nach den Regeln des Volleyballs gespielt. Auf einem Volleyballfeld (18 m x 9 m) spielen 3er- oder 6er-Teams und müssen den Federball spätestens nach der dritten Schlägerberührung in das gegnerische Feld schlagen. Die Möglichkeit des "Blockens", wie auch die Zählweise ... können vom Volleyball übernommen werden.

Hochball: Mit oder ohne Spielfeldbegrenzung versuchen die Spieler, den Federball möglichst lange im Spiel zu halten. Gewinner ist das Paar/die Gruppe mit der größten Anzahl von ununterbrochenen Ballwechseln.

Federtreibball: Im Abstand von 30 m werden zwei Grundlinien sowie eine Mittellinie markiert. Die beiden Teams haben 1-5 Spieler. Ziel ist es, den Ball über die gegnerische Grundlinie zu befördern (zu treiben). Eröffnet wird das Spiel mit einem Schlag von einer im Mittelfeldbereich festgelegten Stelle. Die Teams sind abwechselnd mit jeweils einem Schlag an der Reihe. Stets heißt es, den vom Gegner geschlagenen Ball möglichst aus der Luft zu retournieren. Fällt der Ball auf den Boden, so wird der nächste Schlag von dieser Stelle aus ausgeführt und zwar - dies muß vorher abgesprochen werden - entweder
a) von der Partei, die unmittelbar zuvor den Ball geschlagen hat oder
b) von dem Gegner, der den Ball nicht getroffen hat.
Das Team, das den Ball über die gegnerische Grundlinie treibt, erhält jeweils einen Punkt. Gewinner ist, wer innerhalb einer vereinbarten Spielzeit (z.B. 2 x 10 Minuten) die meisten Punkte erzielt oder als erster eine festgelegte Punktzahl (z.B. 5 Punkte) erreicht.

Torfederball: Wir bilden zwei Teams mit je zwei oder mehreren Spielern. Gespielt wird auf ein oder zwei Handball- oder Fußballtore. Die Spieler haben abwechselnd je einen Schlag. Der gegnerische Torwart darf den Federball nur mit dem Schläger abwehren.

Kombifederball: Zwei Teams mit je vier Spielern spielen auf zwei Tore. Durch geschicktes Kombinieren soll der Ball in das gegnerische Tor geschlagen werden. Die Spieler können sich entweder frei auf dem Feld bewegen, oder es wird ein Netz gespannt, das das Spielfeld in der Mitte teilt; die Spieler eines Teams bleiben in ihrer Hälfte und müssen von dort in das gegnerische Tor treffen.

Sitzball und Rundlauf: Federball im Sitzen - mit dem Ziel, den Ball möglichst lange in der Luft zu halten - schult die Zielgenauigkeit und ist durchaus schweißtreibend. Spaß macht es auch, Federball als Rundlauf zu spielen.

Adresse

Deutscher Badminton-Verband
Südstr. 25, Haus des Sports
45470 Mülheim/Ruhr
Tel.: 02 08 - 3 40 37 oder 30 82 70
Fax: 02 08 - 3 58 99

streetball und andere coole Spielideen

Baseball

Foto: Bongarts

Ein gutes Baseballspiel dauert über vier Stunden. Böse Zungen behaupten, die entscheidenden Aktionen ließen sich in fünf Minuten zusammenfassen. Ein Baseballspiel ist wie ein ganzes Leben: überwältigend vielseitig und überraschend, behaupten dagegen die Fans. Baseball gehört mit 210 Millionen Aktiven weltweit zu den beliebtesten Sportarten und soll nun auch Deutschland erobern. Tatsächlich verzeichnen die 320 Klubs des Deutschen Baseball Verbandes (DBV) zweistellige Wachstumsraten und zählen stolze 13.000 Mitglieder.

Spielidee

Ein quadratisches Feld: In der Mitte, leicht erhöht, steht ein Werfer. Er wirft dem Fänger aus seinem Team einen 150 g schweren, faustgroßen Ball zu. Zwischen beiden steht, mit dem Schläger in der Hand, ein gegnerischer Spieler. Schlägt dieser den geworfenen Ball, kann er von Ecke zu Ecke des Quadrats laufen, bis das andere Team den Ball unter Kontrolle hat. Berührt der Ball ein Mal oder den Spieler selbst, während er sich zwischen den Malen befindet, ist er out. Kommt er durch, gibt's einen Punkt für sein Team.

Spielfeld

Gespielt wird auf einem Hartplatz (175 m x 125 m) mit einem quadratischen Innenfeld (Seitenlänge jeweils 27,47 m) mit der Wurfplatte. In den Ecken des Innenfeldes befinden sich drei Bases (Male) und die Home Base. Dahinter ist das Außenfeld, begrenzt durch die verlängerten Foullinien.

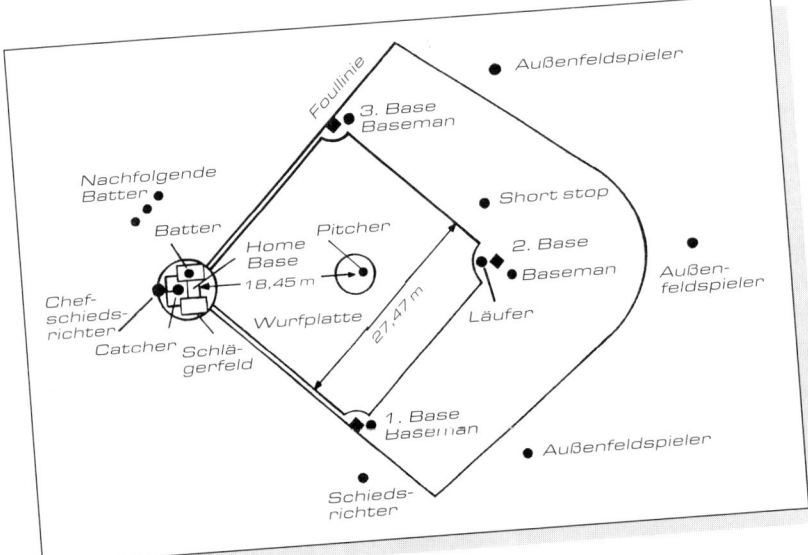

coole Spielideen

streetball und andere

14

Auf dem Feld kämpfen zwei Teams mit je neun Spielern. Im Wechsel ist jeweils ein Team Schlag- bzw. Feldteam. Punkte erzielen kann immer nur das Schlagteam. Der Pitcher (Werfer) des Feldteams eröffnet das Spiel zu Beginn und nach jeder Spielunterbrechung. Die Pitcher haben nur eine Aufgabe: Sie müssen den kleinen und harten Ball so durch die Strikezone auf den Catcher (Fänger) werfen, daß ihn der Schlagmann (Batter/Hitter) des Gegners nicht treffen kann. Die Strikezone befindet sich unmittelbar neben dem Batter.

Foto: MLB

Nur die Bases bieten den Läufern Sicherheit vor dem Gegner. Den Läufern ist es erlaubt, zu den Bases 1, 2 und 3 zurückzulaufen, aber auf jedem Mal darf sich höchstens ein Läufer befinden. Bevor ein Läufer auf dem Mal ankommt, muß also der Vorgänger das Mal verlassen haben.

3. Base

2. Base

Home Base

1. Base

Um die Schlagmänner "out" zu werfen, beherrschen die Profi-Pitcher donnernde Fastballs, die mit bis zu 140 km/h Richtung Schläger fliegen. Schwer auszurechnen ist z.B. auch der Slider, bei dem der Ball im letzten Teil der Flugphase die Richtung wechselt, oder der Curveball, bei dem die Flugbahn des Balles eine lange Kurve beschreibt.

Trifft der Batter den Ball dennoch, muß er ihn möglichst hoch und weit in das Feld zurückschlagen (zwischen die beiden Foullinien). Sofort wird er zum Läufer (Base-Runner) und versucht, von Base zu Base zu laufen. Der Traum eines jeden Batters ist der Home-Run, d.h. in einem Zuge von Mal zu Mal zu laufen und in die Home-Base zurückzukehren.

Solange das Feldteam den Ball des Batters nicht unter Kontrolle hat, besitzt das Schlagteam das Laufrecht. Jeder geglückte Lauf, der mit einer Rückkehr in die Home-Base endet, erbringt einen Punkt, und durch einen Home-Run-Schlag kann das Schlagteam maximal 4 Punkte erzielen, wenn der Batter und jeweils ein Läufer vom 1., 2. und 3. Mal startend die Home-Base erreichen.

Die Spieler des Schlagteams starten der Reihe nach aus dem Schlagfeld, Rechtshänder vom linken, Linkshänder vom rechten Schlagfeld aus. Schafft es der Pitcher viermal hintereinander nicht, den Ball in die Strikezone zu werfen, darf der Schlagmann zum 1. Mal gehen (Walk) und und ein neuer Batter rückt nach. Zum Feldteam gehören neben einem Pitcher und dem Catcher drei Außenfeldspieler (Outfielder), drei Basemen (Malspieler) und ein Zwischenspieler (Short Stop). Gespielt wird über neun Spielabschnitte (Innings), und pro Spielabschnitt ist jedes Team einmal Feld- bzw. Schlagteam. Gewinner ist das Team, das am Schluß die meisten Punkte erzielt hat. Bei Gleichstand wird das Spiel jeweils um Extra-Innings verlängert, bis die Gewinnermannschaft feststeht.

Ziel des Feldteams ist es, drei Gegenspieler out zu werfen, um selbst das Angriffsrecht zu bekommen.

coole Spielideen

Outs werden unter anderem erzielt,
• wenn der Batter dreimal den vom Pitcher regelgerecht zugeworfenen Ball verfehlt (Strike out);
• wenn der vom Batter geschlagene Ball von einem Spieler des Feldteams direkt aus der Luft aufgefangen wird (Fly out);
• wenn es gelingt, einen Läufer zwischen den Bases mit dem Ball zu berühren (Tag out);
• wenn ein Spieler des Feldteams mit dem Ball ein Mal berührt, bevor der Läufer, der gezwungen ist, diese Base zu erreichen, dort eintrifft (Force out);
• wenn ein Feldspieler durch einen Läufer behindert wird (Interference).

Tee-Ball: Eine einfache Variante, die besonders für Anfänger und Kinder geeignet ist. Gespielt wird ohne Pitcher und mit einem weichen Ball, der durch einen Spieler des Schlagteams von einem Abschlagpfosten in das Spielfeld geschlagen wird. Zu jedem Team gehören maximal 9 Spieler. Erreicht ein Läufer die Home-Base, bekommt das Schlagteam einen Punkt. Wenn das Schlagteam drei Outs hinnehmen mußte wird gewechselt. Als Outs zählen,

Abschlag-pfosten (Batting Tee)

• wenn es dem Batter nicht gelingt, den Ball in das Spielfeld zu schlagen (er hat drei Versuche); es kann auch vereinbart werden, daß der Ball eine bestimmte Mindestweite (z.B. 10 m) erreichen muß oder eine bestimmte Maximalweite (z.B. 50 m) nicht überschreiten darf;
• der geschlagene Ball von einem Spieler des Feldteams aus der Luft aufgefangen wird;
• ein Läufer zwischen zwei Malen mit dem Ball berührt wird;
• ein Läufer den vorgeschriebenen Weg über die Bases nicht einhält, einen Gegner behindert oder losläuft, bevor der Ball geschlagen wurde;
• ein Spieler des Feldteams mit dem Ball das Mal erreicht, bevor ein Läufer, der das Mal erreichen muß, dort ankommt.
Über wie viele Innings gespielt wird ist beliebig. Alternativ kann auch eine Spielzeit festgelegt werden (z.B. 1 Stunde, und alle 10 Minuten tauschen Schlag- und Feldteam die Rollen).

Foto: MLB

coole Spielideen
```
Ball und andere
```

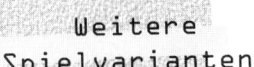

Ausrüstung

Baseball-Profis oder Vereinsspieler spielen mit einem harten Ball und müssen aus Sicherheitsgründen eine Schutzausrüstung tragen. So trägt z.B. der Catcher einen Helm, eine Gesichtsmaske, Bauch-, Knie- und Schienbeinschützer. Wer mit einem Softball spielt, hat diese Probleme nicht und kann sich mit einfachem Sportzeug behelfen. Baseballschläger sind aus Holz und kosten in der Regel zwischen DM 20,- und DM 30,-. Die dazugehörigen Bälle aus Synthetikleder gibt es für ca. DM 10,-, und Fanghandschuhe aus Kunstleder gibt es ab DM 15,-. Die Firma Sportco (Hagen/Berlin) bietet ein komplettes

Weitere Spielvarianten

Kooperativer Base- oder Teeball: Damit alle Spieler über die gesamte Spielzeit beteiligt sind - und um das Ausgeschlossenwerden zu vermeiden - wird die Out-Regel abgeschafft. Der Rollenwechsel zwischen Schlag- und Feldteam erfolgt, wenn alle Spieler eines Teams mit dem Schlagen des Balles an der Reihe gewesen sind.

Um die Mitspieler stärker zu beteiligen und das Herumstehen auf dem Feld zu vermeiden, kann z.B. vereinbart werden, daß
• alle Bases zählen, d.h. immer wenn ein Spieler ein Mal erreicht, erzielt er einen Punkt für sein Team; so können auch kleine Kinder punkten, die auf ein Mal gelangen, es aber oft nicht bis zur Home-Base schaffen;
• alle Schläger laufen, d.h. sobald der Ball getroffen wurde, darf das komplette Schlagteam laufen. Je mehr Spieler ein Mal erreichen, um so mehr Punkte erzielt das Team. Hier sollte man darauf achten, daß die Male ausreichend groß markiert sind;
• alle Fänger den Ball berühren, d.h. der Läufer ist erst gestoppt, wenn alle Spieler des Feldteams den geschlagenen Ball berührt haben.

Baseball-Set (1 Jugendschläger, 1 Fanghandschuh, 1 Soft-Safety-Ball) für DM 36,50 an. Wer Tee-Ball spielen will, braucht nicht unbedingt einen professionellen Abschlagpfosten (Batting-Tee). Ein im Boden steckendes Rohr, ein abgeschnittener Baseballschläger oder eine stabile und erhöhte Unterlage sind völlig ausreichend. Das wichtigste und coolste Equipment sei zuletzt genannt: die Baseball-Mütze.

Adresse

Deutscher Baseball u. Softball Verband
Feldbergstr. 28
55118 Mainz
Tel.: 0 61 31 - 61 82 50
Fax: 0 61 31 - 61 86 50

Beach-
Basketball

Basketball am Strand? Und ohne Dribbeln? Unglaublich, aber wahr: Beach-Basketball ist der neue Trend an unseren Stränden. Und der zieht immer mehr Menschen in seinen Bann. 1994 veranstaltete der DBB erstmalig eine Tour, bei der um den Titel des "German Beachbasketball Champions" gekämpft wurde. Allein in Warnemünde verfolgten 1000 begeisterte Fans die Korbjagd im Sand.

18

Spielidee

Geschicktes Freilaufen und exaktes Paßspiel sind gefragt. Dribbeln ist verboten und wenig sinnvoll. Damit diese Spielvariante nicht zum bloßen "Balltragen" verkommt, sollte festgelegt werden, wie viele Schritte mit Ball gemacht werden dürfen. Je weniger Schritte erlaubt sind, desto größer sind natürlich die Anforderungen an die Mitspieler. Sie müssen immer in Bewegung und möglichst anspielbar sein.

Zwei Teams mit jeweils drei Spielern spielen auf zwei Körbe. Die Spielregeln werden analog dem Streetball vereinfacht. Das Spielfeld muß kleiner sein: 5 m x 12 m sind sinnvolle Abmessungen für den Strand. Pro Korbtreffer gibt es einen Punkt. Endet das Spiel unentschieden, wird der Sieger durch Freiwürfe ermittelt (jedes Team hat drei Freiwürfe).

Ausrüstung

Eine beliebige Garnitur Sport- oder Badebekleidung reicht aus, um sich für das Spiel zweckmäßig zu kleiden. Abzuraten ist von der Benutzung normaler Sportschuhe, die die Bewegungsfreiheit erheblich einschränken. Schutz vor Fußverletzungen können Gummistrümpfe bieten. Starke Sonneneinstrahlung wird nicht so bewußt wahrgenommen, wenn man sich am Strand körperlich anstrengt. Unverzichtbar ist eine Sonnenmilch mit hohem Lichtschutzfaktor. An sehr sonnigen Tagen sollte man sich mit einer Kopfbedeckung und einer Sonnebrille ausrüsten.

Beach-Basketballanlagen, die wetterfest verzinkt sind und einfach in den Sand eingegraben werden, bieten verschiedene Sportausrüster an. Kostenpunkt pro Anlage: ca. DM 1000,-

Spielvariante

Rough-Basket: Der Ballträger darf hier attackiert und sogar umgerissen werden. Es gibt keine Begrenzung der Schrittzahl für den Ballträger. Es darf um den Ball gerungen werden. Schlagen, Treten und Kratzen ist aber bei aller "Roughness" nicht erlaubt.

Verletzungsgefahr

Der weiche Sand reduziert die Verletzungsgefahr für Gelenke und Knie erheblich. Aber kaum ein Strand ist frei von kleinen und großen Steinchen, scharfkantigen Muscheln oder gar Glasscherben. Das Spielfeld sollte vor dem Spiel nach verletzungsgefährdenden Gegenständen abgesucht und evtl. geharkt werden.

Adresse

Deutscher Basketball Bund
Schwanenstr. 6-10
58089 Hagen
Tel.: 0 23 31 - 10 61 61
Fax: 0 23 31 - 10 61 69

coole Spielideen und andere

Beach-Handball

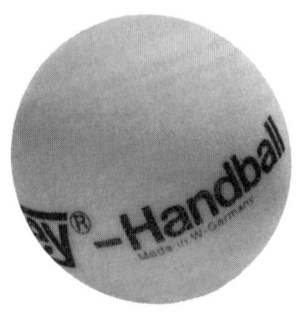

®-Handball

Wer in diesem Sandkastenspiel erfolgreich sein will, benötigt eine gute Kondition. Beach-Handball wird barfuß auf sandigem Boden gespielt. Die Teams bestehen aus einem Torhüter, drei Feldspielern und maximal vier Auswechselspiele rn. Das Feld ist 27 m lang und 11 m breit. Ziel des Begehrens sind zwei Tore, die - analog zum Hallen-handball - 3 m breit und 2 m hoch sind.

Spielregeln

Der Deutsche Handball-Bund (DHB) hat offizielle Spielregeln zum "Beach-Handball" erlassen, die man natürlich vereinfachen oder modifizieren kann. Die Regeln entsprechen den offiziellen Handballregeln des DHB, sind aber in folgenden Punkten geändert (Stand: August 1994).

Spieldauer

Gespielt wird über zwei Halbzeiten à 12 Minuten. Bei Gleichstand am Ende der ersten Spielhälfte wird das Spiel fortgesetzt, bis ein Team ein weiteres Tor erzielt ("sudden death"). Das Team, das die erste Halbzeit gewinnt, erhält einen Punkt (1:0). Die zweite Spiel-hälfte beginnt wieder bei 0:0 und läuft nach dem glei-chen Modus ab. Gewinnt ein Team beide Hälften, ge-winnt es das Spiel mit 2:0. Gewinnen beide Teams je eine Spielhälfte, findet eine Verlängerung von fünf Mi-nuten statt. Steht es am Ende der Verlängerung erneut unentschieden, wird der Sieger durch Penalty-Werfen ("Einer gegen den Torwart") ermittelt.

Tore und Strafpunkte

Ein Tor ergibt einen Punkt. Ein Kempa-Tor (den Ball im Sprung fangen und werfen - benannt nach dem deutschen Handballspieler Kempa) ergibt drei Punk-te. Ein Tor, das vom Torwart vom Inneren des Spielfel-des aus erzielt wird, ergibt zwei Punkte. Vom eigenen Torraum aus erzielte Torwarttore ergeben einen Punkt. Beim Beach-Handball gibt es keine Zwei-Minuten-Zeit-strafen; alle Regelverstöße, die eine Zwei-Minuten-Strafe nach sich ziehen würden, werden durch Anrech-nung eines Punktes für das gegnerische Team bestraft. Bei einer Regelwidrigkeit, die die Disqualifikation ei-nes Spielers nach sich zieht, muß dieser das Spielfeld verlassen. Er wird durch einen anderen Spieler ersetzt, und das gegnerische Team bekommt zwei Punkte.

Coole Spielideen und andere

Spielverlauf

• Das Spiel beginnt mit Schiedsrichterball. Der Ball darf direkt zum Torwart gespielt werden, der sich im Torraum aufhält.

• Es ist erlaubt, nach dem freien Ball zu hechten oder einen innerhalb des Torraums ruhenden Ball aufzunehmen.

• Wenn ein Tor erzielt wurde, wird das Spiel sofort mit dem Herausspielen des Balles vom Torwart fortgesetzt.

• Es ist nicht nötig, bei einem Freiwurf drei Meter Abstand zu halten. Der Freiwurf wird am Ort des Fouls oder des Spielfehlers ausgeführt. Der "7-Meter"-Wurf wird hinter der Torraumlinie in der Spielfeldmitte ausgeführt.

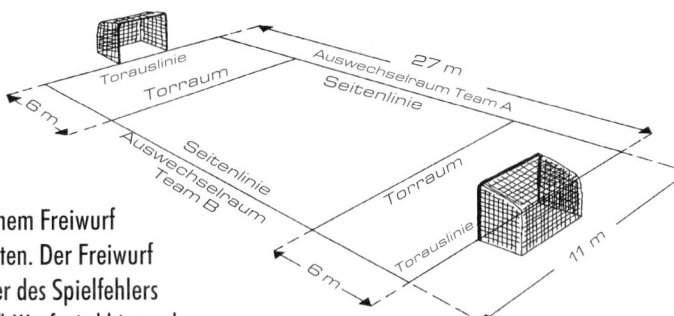

Penalty-Werfen

Bei Gleichstand am Ende der Verlängerung bestreiten alle Spieler einschließlich der Torhüter das Penalty-Werfen. Besteht ein Team aus weniger als acht Spielern, bestimmt der Spielführer, welche der Spieler zweimal antreten müssen. Die Teams wechseln sich ab. Während des Penalty-Werfens befinden sich nur der ausführende Werfer, sein Torwart und der gegnerische Torwart auf der Spielfläche. Die anderen Spieler stehen in ihren Auswechselräumen. Der Torhüter wirft aus dem Torraum heraus einem Mitspieler den Ball zu. Aus der Spielfeldecke am eigenen Torraum läuft der Spieler auf den gegnerischen Torraum zu, muß den Paß des Torhüters fangen und ihn unter Beachtung der Drei-Schritte-Regel auf das gegnerische Tor werfen. Ein so erzieltes Tor zählt einen Punkt. *Achtung:* Der paßgebende Torwart darf nicht direkt ins gegnerische Tor werfen. Der gegnerische Torwart darf seinen Torraum verlassen und versuchen, den Paß abzufangen, sobald der Ball die Hand des werfenden Torwarts verlassen hat. Begeht er dabei ein Foul an dem Feldspieler, erhält das gegnerische Team automatisch einen Punkt mehr. Ein Kempa-Tor aus diesem Ablauf heraus ergibt ebenso Zusatzpunkte. Tritt der Torwart zum Penalty-Werfen an, wird er als Paßgeber von einem Mitspieler ersetzt. Es gewinnt das Team, das nach Abschluß der acht Durchgänge die meisten Punkte erlangt hat. Bei Gleichstand wird das Penalty-Werfen nach dem Sudden-Death Prinzip fortgesetzt.

Ausrüstung

Beach-Handbälle bestehen aus PVC und kosten ca. DM 20,-. Unterschieden wird zwischen Bällen für "Herren" (58 cm Umfang, 420 g), "Damen" (55 cm/320 g) und "Jugend" (48 cm/250 g).

Adresse

Deutscher Handball Bund
Westfalendamm 77
44141 Dortmund
Tel.: 02 31 - 94 34 20
Fax: 02 31 - 42 01 46

streetball und andere coole Spielideen

Beach-Volleyball

Auch das gute alte Volleyballspiel hat den Weg aus den Hallen an die Strände gefunden. Wenn der Volleyball neuerdings die sandige Runde macht, hält es kaum jemanden mehr im Strandkorb. Und nicht nur in den Geburtsstätten des Volleyball - Brasilien und USA - befinden sich die Spieler im akuten Strandfieber und spielen bei den offiziellen Touren um Preisgelder in Millionenhöhe. Spätestens seit 1993 geht es auch an Deutschlands Stränden rund, und die Beach Masters locken immerhin 100 000 begeisterte Zuschauer an die Strände. Auch Städte wie Nürnberg, Frankfurt oder Hannover scheuten keine Kosten und Mühen, um sich das Beachlife in die City zu holen. Tonnenweise wurde Sand herangekarrt, um auf weichem Grund zu baggern und zu pritschen. Treibende Kraft für den Trend-sport ist nicht zuletzt das IOC, das Beach-Volleyball zur olympischen Disziplin erklärte. Das Schöne am Beach-Volleyball ist aber nicht zuletzt, daß es für alle geeignet ist: als maß- und spaßvolle Freizeitaktivität für Ältere, Familien oder gemischte Teams ebenso wie als kraftraubender und athletischer Sport für durchtrainierte Teens und Twens.

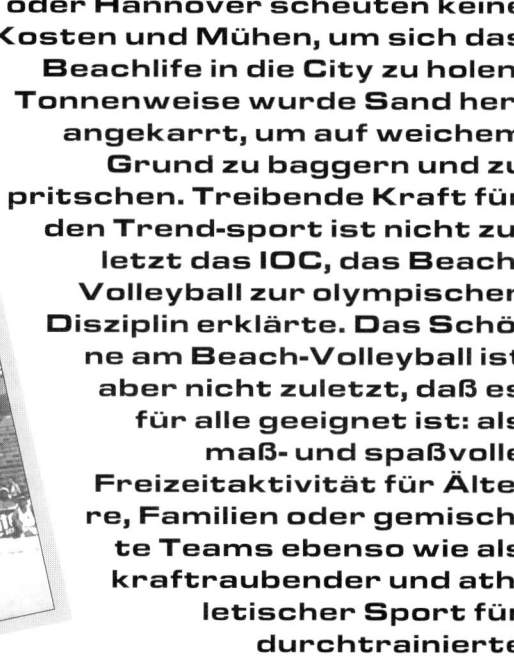

Streetball und andere coole Spielideen

Spielidee

Logo, Beach-Volleyball ist eine Variante des traditionellen Volleyball-Spiels und es wird auf Sand gespielt. Die beiden Mannschaften bestehen aber nur aus je zwei Spielern. Ziel ist es, den Ball regelgerecht über das Netz zu schlagen, so daß er den Boden in der gegnerischen Hälfte berührt, bzw. zu verhindern, daß der Ball in der eigenen Hälfte zu Boden fällt. Gespielt wird der Ball mit Händen und Armen, notfalls auch mit allen Körperteilen oberhalb des Knies. Jedes Team darf den Ball pro Ballwechsel höchstens dreimal berühren. Der Ballwechsel ist beendet, wenn der Ball innerhalb oder außerhalb des Spielfeldes den Boden berührt oder nicht regelgerecht gespielt wird.

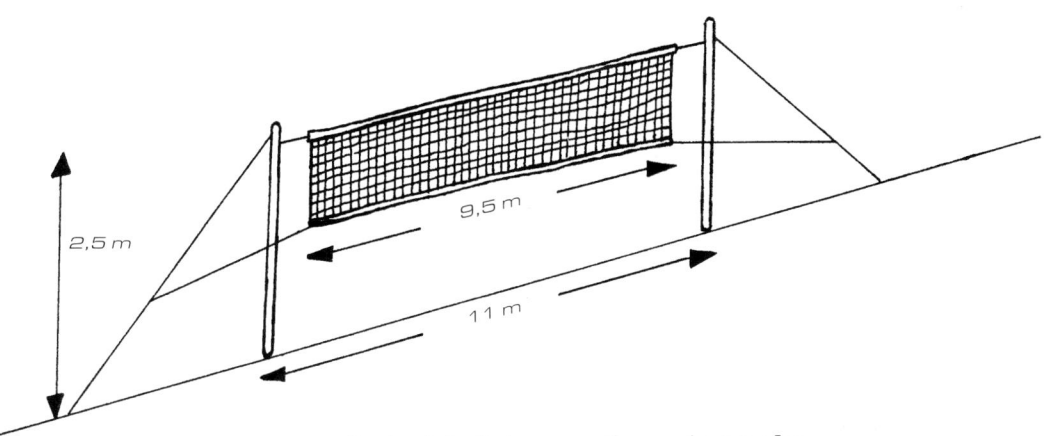

2,5 m

9,5 m

11 m

Spielfeld

Die Feldabmessungen und die Netzhöhe entsprechen den Maßen beim Indoor-Volleyball.

Spielfeldgröße: 9 m x 18 m

Netzhöhe: 2,24 m (Frauen), 2,43 m (Männer)

Belag: Sand, so eben wie möglich, gereinigt von allen Gegenständen, die ein Verletzungsrisiko darstellen könnten.

Begrenzungslinien: Seile oder Bänder aus strapazierfähigem Material, möglichst in einer Farbe, die mit der Farbe des Sandes deutlich kontrastiert (z.B. dunkelblau). Anders als beim Indoor-Volleyball gibt es nur Außenlinien.

Für Jugendliche kann das Spielfeld verkleinert werden, z.B. auf 12 m x 8 m und das Netz tiefer angebracht werden (z.B. 2,10 m).

Grundregeln

• Ein Match besteht aus einem Satz mit 15 Punkten, wobei mindestens zwei Punkte Vorsprung bestehen müssen.

• Bei Finalspielen geht es über zwei Gewinnsätze à 12 Punkte (mindestens zwei vor, höchstens bis 15). Muß ein dritter Satz gespielt werden, geht es im Tiebreak bis 15 (zwei vor).

• In allen Sätzen, die bis 15 gespielt werden, tauschen die Teams nach jeweils 5 erzielten Punkten die Seiten (4:1, 6:4 usw.); bei 12-Punkt-Sätzen wird nach jeweils 4 Punkten gewechselt.

• Gepunktet wird nur bei eigenem Aufschlag, außer beim Tie-Break (hier zählt jeder Punkt).

• Das Aufschlagsrecht bekommt man, wenn der Gegner einen Fehler gemacht hat.

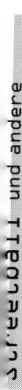

Streetball und andere coole Spielideen

Beach-Volleyball

• Bei der Aufgabe muß der Ball, ohne das Netz zu berühren, direkt in das gegnerische Feld geschlagen werden. Die Aufgabe erfolgt hinter dem Spielfeldrand von einem beliebigen Platz aus.

• Der Ball muß spätestens nach der dritten Berührung ins gegnerische Feld gespielt werden. Der Block zählt als erste Berührung. Ein Spieler darf den Ball nicht zweimal direkt hintereinander berühren.

• Netzberührungen sind nicht erlaubt; der Ball darf nicht getragen, geworfen oder geführt werden. Technische Fehler werden weniger streng als beim Indoor-Volleyball geahndet.

• Der Ball darf jedes Körperteil vom Knie an aufwärts berühren.

• Das 'Schaufeln' (mit der offenen Hand) ist nur nach harten Angriffsschlägen des Gegners erlaubt.

• Finten wie z.B. "Lobs", also Hochschläge, bei denen der Ball weich und hoch über den am Netz postierten Gegner in das Spielfeld geschlagen wird, dürfen nicht mit den Finger-Innenflächen gespielt werden. Fausten ist erlaubt.

• Steller-Tricks (Steller = Zuspieler, der Angriffsschläge für die Mitspieler vorbereitet) sind nicht erlaubt. Der Ball darf nur im Stand und geradeaus (ohne Körperdrehung) über das Netz gepritscht werden (Pritschen = genaues Spielen des Balles mit den Fingerspitzen).

Die Sprache der Profis

Angle
Schlage den Ball diagonal ins gegnerische Feld.

"Ball!"
Vorsicht, fremder Ball.

Bump Set
Zuspiel durch Baggern.

Beach Dig
Abwehr eines harten Angriffs mit offenen Händen.

Cobra-Shot
Angriffsschlag; der Ball fällt meist kurz hinterm Netz oder dem Block herunter.

Cut Shot
Angriffsschlag, extrem diagonal.

Eins
Spiele den Ball in die linke Feldhälfte.

Fünf
Spiele den Ball in die rechte Feldhälfte.

Zwei
Diagonal-Block.

Jump Serve
Sprung-Aufschlag.

Kurz
Dicht hinters Netz.

Lang
Weit hinters Netz an die Grundlinie.

Longline
Schmetterschlag entlang der Seitenauslinie ins gegnerische Feld.

Ohne
Kein Block.

Poke-Shot
Mit Faust/Fingerknöchel gespielter, lobähnlicher Ball.

Sand
Auszeit, um Ball, Körper oder Augen zu säubern.

Skyball
Hoch in den Himmel geschlagener Ball.

Sprung
Achtung - Gegner macht Sprungaufschlag.

Sideout
Wechsel des Aufschlagrechts.

Tomahawk
Abwehrtechnik über dem Kopf mit trichterförmig aneinandergelegten Händen.

Über
Regelwidriger Griff des Gegners über die Netzkante.

Ausrüstung

Beach-Volleyball

Lifestyle-Mode für Beach-Volleyballer wird vor allem im Versandhandel, in Sportfachgeschäften und von Händlern bei großen Turnieren angeboten. Eine beliebige Garnitur Sport- oder Badebekleidung reicht aber völlig aus. Sinnvolle Ergänzungen bei heißem und sonnigen Wetter sind eine Sonnenbrille, eine Schirmmütze oder auch spezielle Gummistrümpfe, die die Füße vor Verletzungen oder vor sehr heißem Sand schützen. Abzuraten ist auf jeden Fall vor der Benutzung normaler Sportschuhe. Auch wer Beach-Volleyball nur gelegentlich betreiben möchte, sollte sich einen speziellen Outdoor-Volleyball zulegen. Die Bälle wiegen etwas mehr als die traditionellen Volleybälle, damit sie dem Wind besser widerstehen können.

Spielvarianten

Indoor-Beach-Volleyball:
Gespielt wird in der Sporthalle auf Kunststoffbelag. Die Teams setzen sich jeweils aus 3, 4, 5 oder 6 Personen zusammen.

Beach-Erdball: Gespielt wird mit einem Badeball oder einem sehr großen "Erdball" (empfehlenswert für Anfänger), also ein möglichst großer und zugleich leichter Ball.

Waterball: Gespielt wird im Wasser. Dabei darf der Ball weder Netz noch die Wasserfläche berühren.

Thai-Volleyball: Erlaubt ist hier, den Ball auch mit Füßen, Beinen und Kopf zu spielen. Jeder Spieler darf den Ball zweimal berühren.

Tennis-Volleyball: Der Ball darf einmal oder zweimal auf dem Boden aufspringen (geeignet für Anfänger).

Handtuch-Volleyball: Der Ball wird mit einem Handtuch aufgefangen und geworfen. Oder über das Netz werden ein großes Schwungtuch oder mehrere Bettlaken gehängt, so daß sich die gegnerischen Teams beim Spiel garnicht oder nicht genau sehen können.

Futivolley: In Brasilien sehr populär. Der Ball darf nur mit Fuß und Bein gespielt werden und den Boden nicht berühren.

Zum Schutz vor Seewasser und Regen bestehen die Bälle entweder aus Kunststoff oder Kunstleder und sind schon zum Preis von rund DM 30,- zu haben. Gute Strandnetze gibt es ab DM 125,-, komplette Beach-Volleyball-Freizeitanlagen kosten ca. DM 250,- (Netz, Pfosten, Spannleinen und Heringe sowie Spielfeldmarkierungen).

Adresse

Deutscher Volleyball-Verband
Otto-Fleck-Schneise 12
60528 Frankfurt
Tel.: 0 69 - 6 95 00 10
Fax: 0 69 - 69 50 01 24/25

streetball und andere coole Spielideen

Boccia

Nur mitleidige Blicke ernten Touristen, die am Sandstrand die Kugel nach der Setzhaube werfen. Jeder Italiener weiß, daß im Sand vernünftiges Zielen nicht möglich ist, und wer sich beim Boccia nur vergnügt und nicht politisiert, hat nicht begriffen, wobei es beim Boccia geht. Konrad Adenauer machte Boccia in Deutschland populär. Stets mit Pepita-hütchen stählte er sich regelmäßig mit gezielten Kugelwürfen für politische Karambolagen mit der Opposition. Ruhe, Gelassenheit und Lebensart sind die Dopingsubstanzen dieses reinen Amateurspiels, für das man drei Dinge mitbringen sollte: Kugeln, Zeit und Lust auf die spielerische Unterhaltung mit den Spielpartnern.

Spielidee

Boccia (übersetzt: Kugel) ist ein uraltes Spiel und hat eine weite Verbreitung in Italien und überall wo Italiener leben. Auch in Deutschland gibt es einen eigenen Verband. Es wird mit Kugeln gespielt, die früher aus Holz, heute bevorzugt aus Kunststoff und bei Wettbewerben aus einer besonderen Kunststein-Mischung bestehen. Zur besseren Unterscheidung sind sie unterschiedlich eingefärbt. Gespielt wird auf flachen, ebenen Bahnen, die mit Bohlen begrenzt sind. Ausgetragen wird Boccia zwischen zwei Spielern oder Teams. Die Spieler versuchen, ihre Kugeln so zu werfen oder zu rollen, daß sie näher an die vorgelegte Setz- oder Zielkugel herankommen als der Gegner, oder sie versuchen, die Kugeln der Gegner zu verschieben, um ihre eigenen in eine bessere Position zur Zielkugel zu bekommen. Boccia kann sowohl destruktiv und fies als auch fein und edel gespielt werden. Im ersten Fall konzentriert sich der Werfer darauf, gut plazierte gegnerische Kugeln wegzuhämmern. Im zweiten Fall plazieren alle brav ihre Kugeln.

Die Teams

Gespielt wird in Einzeln (Individuale) mit vier Kugeln je Spieler, in Doppeln (Coppie) mit je zwei Kugeln pro Spieler, also vier Kugeln pro Team. 3er-Teams (Terne) und 4er-Teams spielen mit je zwei Kugeln pro Spieler. Im Spiel sind also immer acht Kugeln, vier pro Team.

Spielbahn

Die offiziellen Bahnen sind zwischen 24 m und 26,5 m lang und zwischen 3,8 m und 4,5 m breit. Die Umrahmung aus Holz oder Metall muß 25 cm hoch sein (siehe Seite 27). An den Kopfenden befindet sich darüber ein Brett, von noch einmal 1,25 m Höhe, das die Umgebung vor Schußkugeln schützen soll. Das Feld ist durch Querlinien unterteilt. Sie begrenzen den Ort für den Abwurfraum, den Platz für die Setzkugel (Pallino), zeigen Abwurf- und Aufschlaggrenzen für verschiedene Wurfarten und begrenzen den Raum bis zu dem die SpielerInnen nach dem Wurf laufen dürfen.

Spielverlauf

Per Los wird entschieden, wer das Spiel beginnt. Der oder die Losgewinner plazieren die Setzkugel durch einen Wurf von der Abwurflinie aus und versuchen dann, ihre Kugel so zu werfen oder zu rollen, daß sie möglichst dicht an die vorgelegte Setzkugel herankommt. Die Setzkugel muß von der Abwurflinie mindestens 6 m entfernt plaziert werden und mit einem Abstand von mindestens 0,5 m zur Seitenlinie liegenbleiben. Mißlingt dies, so muß die Gegenpartei versuchen, die Zielkugel entsprechend zu plazieren. Es ist immer das Team an der Reihe, dessen beste Kugel schlechter zur Setzkugel plaziert ist als die beste Kugel des gegenerischen Teams. Gespielt wird abwechselnd in beide Richtungen über die Bahn.

Punkte

Der Spielumfang beträgt 15 Punkte. Die offiziellen Regeln für Wertungen von Würfen sind ebenso kompliziert wie die verschiedenen Wurfarten: direkter Schuß (bocciata da volo), Flachschuß (Raffa), das Spiel auf den Punkt (Legen) usw. Vereinfacht man die komplizierten Regeln, so bekommt jedes Team für die eigene Kugel, die sich dichter an der Setzkugel befindet als eine gegnerische Kugel einen Punkt. Wer als erste Spielpartei 15 Punkte erreicht bzw. überschreitet, entscheidet den Satz für sich. Gewinner eines Matches ist, wer zuerst zwei Sätze für sich entscheiden konnte.

Boccia

Spielvarianten

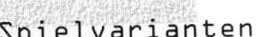

Strandboccia: Gespielt wird ohne jede Spielfeldbegrenzung - ob am Meer, im Park oder im Hinterhof. Eigene Punktwertungen sind durchführbar. Für Kugelkontakte kann es z.B. Minuspunkte geben.

Hau-Ruck-Boccia: Alle Spieler werfen ihre Kugel(n) gleichzeitig.

Disc-Boccia: Gespielt wird mit Spielscheiben, die seit neuestem im Handel sind. Die Scheiben sind aus weichem Vinyl. Gespielt wird nach den Boccia-Regeln.

Hockeyboccia: Geschlagen wird der Ball mit einem Hockeyschläger. Gespielt wird nach den vereinfachten Boccia-Regeln.

Hufeisenboccia: Es gibt entlegene Dörfer in Italien, in denen Boccia traditionell mit Hufeisen gespielt wird. Aber Achtung: Verletzungsgefahr.

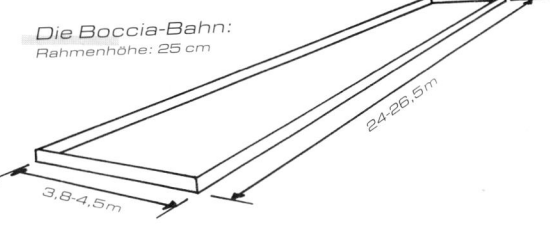

Die Boccia-Bahn:
Rahmenhöhe: 25 cm
24-26,5m
3,8-4,5m

Ausrüstung

Boccia-Sets bestehen aus 8 Holz- oder Plastikkugeln, der Setzkugel und eventuell einer Meßlehre. Angeboten werden sie in einer Tragebox ab DM 24,- (für die Plastikversion). Die 8 Kugeln haben ein Durchmesser von je 80 mm und sind in 4 Farben lackiert, dazu gehört noch eine im Durchmesser kleinere Setz- oder Zielkugel.

Boccia-Bund Deutschland
Maximilianstr. 19
86150 Augsburg
Tel.: 08 21 - 15 70 18
Fax: 08 21 - 15 71 01

coole Spielideen und andere

Boßeln

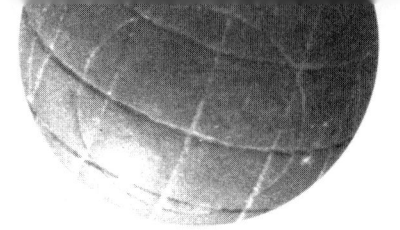

Partytime am Deich. Wenn andernorts die Leute lieber daheimbleiben, werden Frieslands Straßen von boßelnden Zeitgenossen bevölkert. Mit einem langen Anlauf wird der Boßel mit Urgewalt und Technik über den Asphalt gefeuert. Der Trick ist, sie erst im letzten Moment über den Daumen oder den kleinen Finger abzurollen, auf daß der Effet sie länger auf dem Kamm in der Bahnmitte halten möge. Allein in Oldenburg und Ostfriesland versuchen sich an jedem Wochenende der Saison über 40.000 Athleten in dieser Technik und bosseln um Ligapunkte.

Spielidee

Gespielt wird mit einer Holz-, Kunststoff- oder Hart-gummi-Kugel, dem Boßel. Ihn gilt es nun möglichst weit eine Straße entlang zu werfen. Die Stelle, an der der Boßel liegenbleibt oder von der Straße rollt, ist der Abwurfort für den nächsten Wurf. Beide Teams werfen abwechselnd, und Ziel ist es, eine vereinbarte Strecke mit möglichst wenig Würfen zu bewältigen. Ent-wickelt hat sich Boßeln (althochdeutsch: treiben, schla-gen, stoßen) aus dem Klootschießen. Beim Boßeln kommt es nicht so sehr auf Schnellig-keit oder Wurfkraft an, sondern vielmehr auf Wurftechnik.

Spielregeln

Die Teams können aus einem oder auch mehreren Spielern bestehen. Unterschieden wird zwischen dem Stand- und dem Streckenwerfen:

Standwerfen

Geboßelt wird auf einer Wurfbahn, die z.B. auf einer Weide angelegt wird. Jeder Teilnehmer hat von der gleichen Abwurfstelle aus eine vorbestimmte Anzahl von Würfen. Gewinner ist, wer die größ-te Gesamtweite erreicht bzw. eine ver-einbarte Gesamtlänge mit den wenigsten Versuchen erzielt.

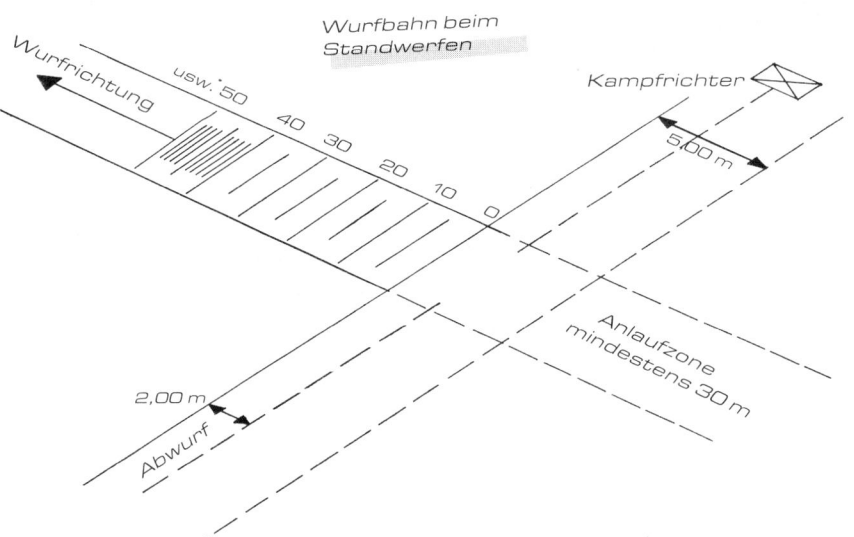

Wurfbahn beim Standwerfen

Wurfrichtung

usw.·50 40 30 20 10 0

Kampfrichter

5,00 m

Anlaufzone mindestens 30 m

2,00 m

Abwurf

Streckenwerfen

Geboßelt wird auf der Straße.

Beim **"Rundenwerfen"**, z.B. auf einer asphaltierten Straße, in eine bestimmte Richtung (unter Beibehaltung der Reihenfolge der Werfer), gilt es, eine zuvor festgelegte Anzahl von Durchgängen (= "Runden") zu bestreiten. Sieger wird, wer letztlich am weitesten kommt.

Das **"Zielwerfen"** wird auf einer Strecke bis zu einer Wendemarke und von dort wieder zurück bis zur Zielmarke ausgetragen. Gewinner wird, wer bis zum Ziel die geringste Anzahl von Würfen benötigt.

Geworfen wird abwechselnd. Eingebürgert hat es sich, daß immer jenes Team zuerst wirft, das sich im Rückstand befindet. Wurde beispielsweise die Boßelkugel von einem Spieler so weit geworfen, daß sie anschließend weder vom nächsten noch vom übernächsten Werfer des gegnerischen Teams übertroffen wurde, hat das betreffende Team einen Wurf (im Weser-Ems-Gebiet **"Schöt"** genannt) herausgeholt und der nachfolgende Werfer der führenden Mannschaft braucht nicht in diesem Durchgang zu werfen. Das Team, das schließlich die meisten "Schöts" geschafft hat, ist Spielgewinner.

Spielvarianten

Klootschießen: Meist wird der Anlauf beim Klootschießen mit einem Sprung beendet, aus dem heraus der Wurf erfolgt. Am interessantesten ist sicher der Feldkampf zweier Teams. Hierbei muß die Spielkugel in ein kilometerweit entferntes Ziel mit so wenigen Würfen wie möglich gespielt werden.

Theodor Storm hat in seiner düsteren 'Schimmelreiter'-Novelle übrigens einmal so einen Klootschieß-Wettbewerb beschrieben.

Adresse

Friesischer Klootschießer-Verband
Geschäftsstelle, Theener Str. 74
26624 Südbrookmerland
Tel.: 0 49 42 - 29 29
Fax: 0 49 42 - 30 87

streetball und andere coole Spielideen

Brennball

Hier geht's immer laut und tierisch hektisch her. Jedes Alter kann sich dabei gut auspowern. Brennball gilt meist "nur" als Kinderspiel. Dabei bietet es genug, um immer wieder die Spiellust zu wecken: Mit gutem Werfen und Schnappen und schnellem Rennen allein ist es hier nicht getan. Bei aller Hektik muß man gukken, mitdenken und am Ende müssen Starke und Schwache gemeinsam durchkommen.

Spielfeld

Brennball kann man überall spielen. Je nachdem wie viele Spieler mitmachen, kann das Feld 15 m x 20 m bis 30 m x 50 m groß sein. Die vier Ecken des Feldes sollten irgendwie markiert sein und heißen Laufmale oder Freimale. Sie werden entgegen dem Uhrzeigersinn angelaufen. Vor dem ersten Freimal (rechts unten) steht das Wurfteam außerhalb des Spielfeldes Schlange. 3-4 m davor im Feld liegt mittig das Brennmal, das auch markiert sein sollte. Das Fangteam steht im Feld: Sein bester Fänger, der Brennmeister, darf nicht herumlaufen, sondern muß mit mindestens einem Fuß fest am Brennmal stehen.

Spielidee

Der erste Werfer wirft den Ball so ins Feld, daß das Fangteam möglichst lange braucht, um ihn unter Kontrolle zu bringen. Den gefangenen Ball passen die Fänger schnellstens zum Brennmeister, ohne mit dem Ball zu laufen. Das kann - besonders wenn das Spielfeld größer ist - über mehrere Stationen gehen. Während der Ball auf dem Weg zum Brennmeister ist, versucht der Werfer, das Spielfeld zu umrunden. Wenn der Brennmeister den Ball hat und mit dem Schrei: "Verbrannt!" in das Brennmal stößt, muß der Werfer jenseits des vierten Mals sein oder aber auf einem der anderen Male stehen. Jeder Spieler, der jetzt zwischen den Malen rumflitzt, ist in diesem Moment "verbrannt" und scheidet zunächst aus.

ca. 15 m

Fangpartei

Brennmal

ca. 3 m

Schlagpartei

ca. 30 m

Zeichnung: Dobler - Kleine Spiele

Spielvarianten

Schlagball: Man spielt ohne Brennmeister und ohne Brennmal. Jetzt passen sich die Fänger den Ball zu, um den Werfer abzuwerfen, während er versucht, das Spielfeld zu umrunden. Aber auch hier dürfen die Fänger nicht mit dem Ball laufen. Ist ein Läufer abgeworfen, scheidet er aus, bis er durch die erfolgreiche Umrundung eines Mitspielers wieder eingelöst wird. Interessant ist auch die Variante, daß mit dem Abwurf eines laufenden Werfers, beide Teams schlagartig ihre Rollen wechseln. Das sorgt meist für unterhaltsames Chaos. Beim Schlagball wird der Ball mit einem Schlagholz oder einfach mit der Faust geschlagen und nicht geworfen.

Treffball: Die Werfer laufen nun nicht mehr entlang den vier Malen um das Feld, sondern vom Abwurf zu einem Mal im Feld und zurück zum Abwurf. Das Fangteam versucht, mit dem gefangenen Ball den zwischen ihnen herumrasenden Werfer abzuwerfen, bevor er zurück am Abwurf ist. Das Mal sollte möglichst weit vom Abwurf entfernt liegen (diagonal gegenüber), damit das ganze Spielfeld genutzt wird.

Laufball: Auch hier liegt das Mal im Spielfeld. Der Werfer wirft den Ball und läuft zum Mal. Dort kann er warten oder versuchen, zum Abwurf zurückzukommen. Das Fangteam paßt den Ball zurück zum Abwurf. Ist der Ball vor dem Werfer zurück, scheidet er aus (oder pausiert eine Runde). Es dürfen höchstens zwei Spieler des Wurfteams gleichzeitig den Schutz des Mals in Anspruch nehmen.

Sitzball: Abwurf und Fangen erfolgen hier wie immer, allerdings im Sitzen. Das Fangteam darf dann den Ball nur wie im Sitzfußball passen, und das Wurfteam muß auf allen Vieren um das Spielfeld bzw. zum Mal und zurück (je nach gespielter Variante).

Spielverlauf

Der Werfer kann nach einem verkorksten Wurf am ersten Laufmal stehen bleiben und erst gemeinsam mit dem nächsten Werfer nach dessen Wurf loslaufen. Bis zu drei Spieler dürfen sich so am ersten Laufmal ansammeln, so daß beim vierten Wurf vier Werfer gleichzeitig losspurten können. Einer muß jetzt aber mindestens das Mal verlassen. Auf dem zweiten und dritten Mal darf aber immer nur ein Werfer Schutz suchen. Ein Wurf ins Aus wird wiederholt.

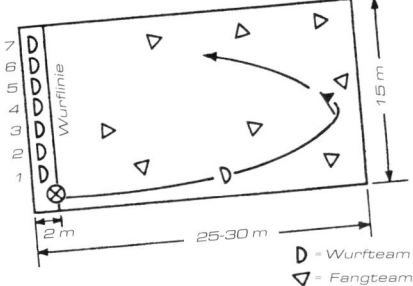

Spielfeld und Aufstellung für die Spielvariante Treffball.

D = Wurfteam
▽ = Fangteam

Wer gewinnt

Das Wurfteam erhält bei einer Feldumrundung mit Unterbrechung 1 Punkt, ohne Unterbrechung 4 Punkte oder die Einlösung eines "Verbrannten". Wer mit dem Wurf eines Mitspielers das Feld ohne Unterbrechung umrundet, erhält nur 2 Punkte. Das Fangteam erhält für Würfe des Wurfteams, die ins Aus gehen und für jeden direkt gefangenen Ball 1 Punkt. Die Teams tauschen nach 10 Minuten oder wenn das Werferteam "ausgebrannt" ist die Rollen.

Adresse

Deutscher Turner-Bund
Otto-Fleck-Schneise 8
60528 Frankfurt
Tel.: 069 - 67 80 10
Fax: 069 - 6 78 01 79

coole Spielideen

Curling

C urling hat mit Eisstock-schießen soviel gemeinsam wie Schach mit Dame. Das meinen die Curler. Oft mitleidig als 'Bettflaschenschieben' für greise Winterurlauber belächelt, ist Curling tatsächlich ein Weltsport, der 1998 erstmals olympische Disziplin sein wird. Begeisternd am zielgerichteten Schieben polierter Granitbrocken ist auch für den glühweingewärmten Amateur die eigen-tümliche Mischung von geradezu meditativer Langsamkeit, Präzision und spannendem Wettkampf.

Spielidee

Man schiebt Steine über eine Eisbahn in ein vorgege-benes Ziel in ca. 40 m Entfernung. Das Zielgebiet (Haus) ist rechts und links auf der Spielbahn (rink) mit Krei-sen markiert. Nach einem Durchgang (end) wechselt die Spielrichtung. Neben dem Stein gehört der Besen zum Curlen (wichtiger Unterschied zum Eisstockschie-ßen). Wurde ursprünglich mit ihm die Laufbahn des Steines gesäubert, soll das hysterische Wischen unmittelbar vor dem heranrutschenden Stein heute durch die Reibungswärme einen dünnen Wasserfilm erzeugen, auf dem sich das Gleitverhalten des Steines verändert. Übrigens: Der älteste Curling-Stein wurde schon 1511 in Schottland übers Eis geschoben.

Spielverlauf

Da in einem End von den vier Spielern jedes Teams je zwei Steine abgegeben werden (also insgesamt 16), geht es nicht darum, jeden einzelnen Stein möglichst ins Zentrum des Hauses (dolly oder tee) zu plazieren. Vielmehr sollten gemeinsam mit den Mitspielern Stra-tegien verwirklicht werden: z.B. mit Schutzsteinen (guards) gutplazierte Steine eines Mitspielers gegen Rausschmißversuche schützen, selbst aber mit schnel-len Steinen (take outs) gegnerische Steine aus dem Haus schieben, um dem eigenen Team den Weg zum Dolly zu öffnen. Das Los entscheidet, wer das Spiel beginnen muß. Der Spieler nimmt von einer Art Start-block (hack) Anlauf und muß spätestens auf den näch-sten 10 Metern (bis zur hog line) in dem eleganten Balanceakt eines gleitenden Kniefalls den Stein spie-len bzw. "abgeben" (sliding delivery). Wenn alle 16 Steine gespielt sind, wird das Resultat dieses Ends er-mittelt: Nur das Team erhält Punkte, das den best-plazierten Stein hat, auch wenn das andere Team we-sentlich mehr Steine im Haus hat. Hat Team A drei Stei-ne besser plaziert als der beste Stein von Team B, er-hält A drei Punkte etc. Der Sieger des Ends muß das nächste beginnen. War kein Stein im Haus, erhält kein Team Punkte und das gleiche Team beginnt. Man ei-nigt sich vorher, wie viele Ends gespielt werden, üblich sind acht oder zehn (bei Gleichstand noch ein Entschei-dungsdurchgang).

Die Teams

Team-Spirit ist im Curling nicht nur zur Umsetzung der Strategie sehr vonnöten. Jede einzelne Steinabgabe fordert das gesamte Team: Hinten im Haus steht der erfahrenste Spieler, der Skip, der selbst die letzten beiden Steine des Teams abgibt. Er gibt jedem Spieler Peilungshilfe für die immerhin ca. 35 m langen, große Zielpräzision erfordernden Stöße und dirigiert obendrein die beiden anderen Teamkollegen mit ihren Besen, um auch nach der Steinabgabe noch dessen Bahn zu beeinflussen. Alle Spieler - bis auf den Skip - wischen, wenn sie nicht selbst stoßen. Besonders wichtig sind auch die ersten Spieler der Teams (leads), da ihre Steine in Unkenntnis der Eisbeschaffenheit mit intuitivem Gespür für die Längen der Bahn "sitzen" müssen. Wie sie die ersten Steine zu setzen vermögen, bestimmt den weiteren Verlauf eines Ends.

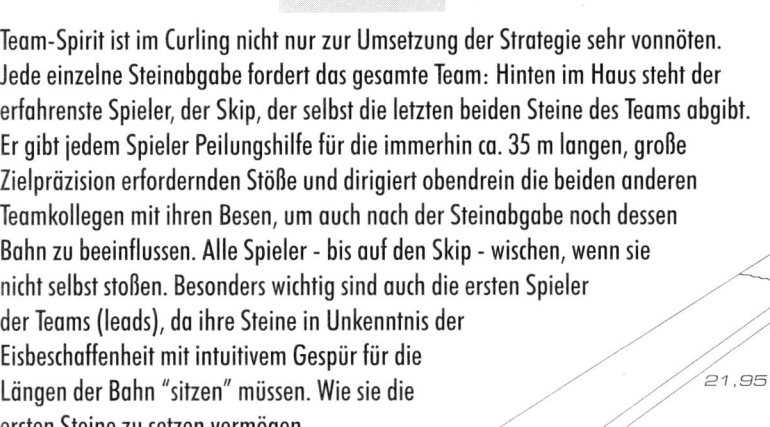

Die Bahn: Rink

Der besondere Reiz des Curling liegt zuallererst wohl darin, diesen fast 20 kg-schweren Stein die 40 m-lange Eisbahn runterzuschicken und dabei seinem dumpfen Grollen zu lauschen. Will man dabei eine gewisse Präzision erreichen, benötigt man einerseits sehr hartes, möglichst ebenes Eis, das andererseits kleine Pöckchen hat (Kieseleis, pebbled ice). Diese sind nötig, damit der Stein ohne allzugroßen Kraftakt überhaupt über die Distanz der Bahn gebracht wird. Die krummen Maße der Bahn ergeben sich aus ihren britischen Vorbildern: z.B. sind die drei Kreise des Hauses schlicht ein 12-, ein 8- und ein 4-Fuß-Kreis.

Durchmesser der Ringe (in m): 2,44 — 1,22 — 0,3 — 3,66

Spielvarianten

Freestyle: In Anlehnung an Curling kann man natürlich alle erdenklichen Gegenstände (Pampelmusen, Murmeln...) auf allen möglichen Untergründen (Parkett, Teppichboden, Asphalt...) von A nach B befördern. Eine anspruchsvolle Länge der Bahn sollte man sich aber immer gönnen.

Round-Robin: Anstelle der Teams spielen alle gegen alle, wodurch das Spiel seinen strategischen Reiz etwas verliert, dafür aber an anarchischem Spielwitz gewinnt.

Ausrüstung

Jeder Spieler braucht zwei Steine und einen Besen. Von Clubs, Curling-Hallen und vor allem für Wettkämpfe werden heute identische Sets zu je acht Steinen sowie Besen zur Verfügung gestellt. Ein Set kostet ca. DM 8000,-. Die Schuhe müssen warm sein und auf der dem Wurfarm gegenüberliegenden Seite eine glatte Sohle haben; auf der anderen Seite allerdings eine möglichst rutschfeste.

Adresse

Deutscher Curling Verband
Menzingerstraße 68
80992 München
Tel.: 0 89 - 8 11 10 55
Fax: 0 89 - 8 14 44 77

coole Spielideen

Eishockey

Hart und doch elegant, kompliziert aber immer rasant. Hier wird fliegend gewechselt, mit Hand und Schläger auf ein eigentlich viel zu schnelles Hartgummischeibchen eingeschlagen, body-, back-und foregecheckt, Bully gepfiffen und manchmal gegen den "plötzlichen Tod" angekämpft. Auch wenn man da nicht durchblickt, merkt man gleich: Hier geht die Post ab!

Spielidee

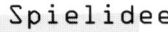

Entgegen anderslautenden Mythen kommt der Sport der harten Kufenflitzer aus Kanada. Wie Fußball und Handball ist es ein Sport für zwei Teams, die das Spielgerät in das gegnerische Tor befördern müssen. Nur das zählt. Der Umstand, daß man hier auf Eis spielt, hat Konsequenzen: Die Spieler sind schneller, der Spielfluß dynamischer. Drei Faktoren beschleunigen das Spiel zusätzlich im Vergleich mit verwandten Sportarten:

• die Spielzeit ist mit dreimal 20 Minuten (allerdings reiner) Spielzeit relativ kurz;

• das Spielfeld mit 60 m x 30 m relativ klein;

• und vor allem hat fast jedes Team 4 komplette Blöcke: D.h., die fünf Feldspieler können komplett in schneller Folge bei laufendem Spiel (= fliegend) ausgewechselt werden. In Profiteams ist ein Block fast nie länger als 40 Sekunden auf dem Eis!

Unter diesen Bedingungen kann das Spiel ein Tempo entwickeln, wie das im Fußball niemals möglich ist. In den 90er Jahren wurde das Tempo im Profi-Eishockey systematisch gesteigert zum sogenannten Powerskating. Aber neben diesen extremen ProfiSpielarten inspiriert die Grundidee immer wieder zu neuen Hobbyvarianten.

Von den 60 m der (europäischen) Spielfeldlänge entfallen zweimal 4 m auf die beiden kleinen Zonen hinter den Toren. Die roten Torlinien markieren sie. Hinter den Toren wird weitergespielt, wie überhaupt das Spielfeld kein Aus wie z.B. das Fußballfeld hat. Auch dieses scheinbar kleine Detail bereichert nicht nur die spannendsten Szenen im Torraum um einige Varianten, sondern unterstützt zusätzlich den Spielfluß. Die verbleibenden 52 m werden zum einen von einer dicken roten Linie in zwei Hälften geteilt. Zum anderen dritteln zwei blaue Linien das Feld in drei gleichgroße Teile. Das Drittel vor dem eigenen Tor ist die Abwehrzone, darauf folgt in der Mitte die neutrale Zone, und vor dem gegnerischen Tor ist die Angriffszone. Diese Linien sind in erster Linie für die Abseits-regeln (s.S. 36) des Eishockey - die anders sind als im Fußball - wichtig. Die Tore sind 1,83 m breit und 1,22 m hoch.

malen Abseits; an einem der umkreisten roten Punkte in der Abwehrzone nach einem unerlaubtem Weitschuß und nach Fouls seitens der Verteidiger. Während zwei Spieler am Bully beteiligt sind, dürfen keine anderen den Kreis betreten.

30 m · 60 m · 9 m

Der Torraum davor ist 2,53 m breit und 1,22 m tief. Im Torraum hat kein Feldspieler etwas verloren. Allenfalls darf er einen darin liegenden Puck ins Tor spielen, aber ohne auch nur einen Fuß hineinzusetzen. Schließlich sind noch acht große rote Punkte über das Feld verteilt, von denen vier (je zwei vor einem Tor) in einem Radius von 4,5 m rot eingekreist sind. Genauso umkreist ist der blaue Mittelpunkt des Spielfeldes. An diesem und den acht roten Punkten wirft der Schiedsrichter nach einer Spielunterbrechung den Puck wieder ein (Bully). Am Mittelpunkt findet das Bully bei Spiel- und Drittelbeginn statt; an den nicht umkreisten Punkten in der neutralen Zone nach einem nor-

Teams und Taktik

Um ein heilloses Chaos zu verhindern, sollte man sich anfangs auf relativ klare Spielpositionen und -zonen einigen. Man spielt im Feld mit zwei Außenverteidigern, zwei Außenstürmern und einem Mittelstürmer. Das mitdenkende Zusammenspiel ist durch die hohe Geschwindigkeit des Spiels in hohem Maße gefordert, ganz besonders gilt das für die Spielphasen in Unterzahl.

Eishockey

Fouls und Strafen

Eishockey mag ja hart sein, aber erlaubt ist noch lange nicht alles. Verboten ist das Festhalten, Schlagen oder Treten (auch Bein-Stellen) des Gegners, auch jedes Haken, Schlagen oder der Cross-Check (den Stock quer mit beiden Händen hoch gegen den Mitspieler halten) mit dem Stock ist regelwidrig. Für all diese Dinge und einige mehr wird der "Täter" zwei Minuten, bei besonderer Härte auch öfter fünf Minuten auf die Strafbank geschickt. Für das absichtliche Verschieben des Tores sowie das Festhalten oder Einklemmen des Pucks durch einen Feldspieler gibt's zwei Minuten. Je härter die Fouls und sonstigen Regelverstöße sind, desto umfangreicher werden auch die Strafen. Zwei- und Fünf-Minuten-Strafen muß der Torhüter nicht selbst antreten. Auch wenn drei oder mehr Zeitstrafen gegen ein Team verhängt wurden, werden immer nur zwei gleichzeitig abgesessen, die anderen Strafen sind aber nur aufgeschoben, nicht aufgehoben. Fällt während der 2 Minuten-Strafzeit gegen das bestrafte Team ein Tor, ist die Strafzeit damit sofort beendet. Statt einer Zeitstrafe kann besonders bei eindeutigen Torchancen ein Foul mit einem Penalty geahndet werden: Ein Spieler aus dem Team des Gefoulten fährt vom Mittelkreis allein und ohne große Bögen auf den Torhüter zu. Er hat nur einen Schuß, keinen Nachschuß. Das gefoulte Team kann auch anstelle des Penalty eine 2 Minuten-Strafzeit verlangen.

Abseits

Angesichts des rasanten Paßspiels der Cracks im Fernsehen ist kaum vorstellbar, daß es reglementiert ist, und doch: Innerhalb der Zonen kann frei gepaßt werden. Beim Paßspiel von einer Zone in eine andere aber ist Vorsicht geboten. Der Puck muß vor den Spielern in der "neuen" Zone sein. Ein Beispiel: Fährt ein Spieler aus der neutralen Zone in die Angriffszone und wird dann aus der neutralen Zone heraus angespielt, ist er abseits. Das Spiel wird abgepfiffen, am nächsten roten Punkt in der neutralen Zone gibt es einen Bully. Ein Torschuß, egal von wo, sogar vom Torwart über das gesamte Feld geschossen, ist nie Abseits. Abseits ist aber das Icing, der unerlaubte Weitschuß: Ein Schuß aus der eigenen Hälfte, der nicht durch den Torraum oder gar ins Tor geht. Dieser Schuß geht über zwei Linien. Genauso ist ein Paß verboten, der über zwei der Linien in den drei Felddritteln geht.

Ausrüstung

Wer's ernster nimmt, sollte sich nach dem nächsten Verein erkundigen, dort wird erstmal die umfangreiche Ausrüstung gestellt. Um auf dem zugefrorenen Teich mal locker zu spielen, braucht man nur einen Puck (ca. DM 3,-), einen Schläger (DM 80,- und mehr) und Schlittschuhe, besser auch noch Schienbein- und Knieschoner.

Spielvarianten

Fieseln ist Eishockey-zu-Fuß. Maße und Markierungen des Spielfelds (meist: Beton) und die Regeln sind identisch mit richtigem Eishokkey. Statt des Pucks wird mit einem Plastikball gespielt. Das Spiel ist extrem laufintensiv. Die unmittelbarste und mit ein bißchen Phantasie auf jedem Parkplatz oder Schulhof mögliche Art, Eishockey zu spielen. Größe des Feldes und der Teams sind natürlich variierbar. Einen ganzen Schritt näher an das Original kommt man natürlich auf Rollschuhen.

Adresse

Deutscher Eishockey-Bund
Betzenweg 34, Haus des Eissports
81247 München
Tel.: 0 89- 8 18 20
Fax: 0 89- 81 82 36

Coole Spielideen

Eisstock-schießen

Wie die Curler haben die Eisschützen mit dem Vorurteil zu leben, ihr Sport sei uncool und eher was für Rentner in Chamonix als für "echte" Sportler. Vielleicht weil hier gefühlvolles, intelligentes Spiel mehr gefragt ist als kraftbetonter Körpereinsatz. Nun ja, Tatsache ist, daß Eisstockschießen mit über 70 000 aktiven Schützen ein echter Volkssport ist.

Spielidee

Vielseitigkeit ist gefragt. So spielen die Eisschützen sowohl mit taktischer Finesse in Teams als auch mehr technikbetont in diversen Einzelwettbewerben. Die Grundidee ist bei allen Spielarten, den Eisstock an seinem wohlgeformten Griff zu packen und mit einer weitausholenden Kegelbewegung gefühlvoll, aber nicht kraftlos auf seiner runden Gleitfläche auf die Bahn zu schicken.

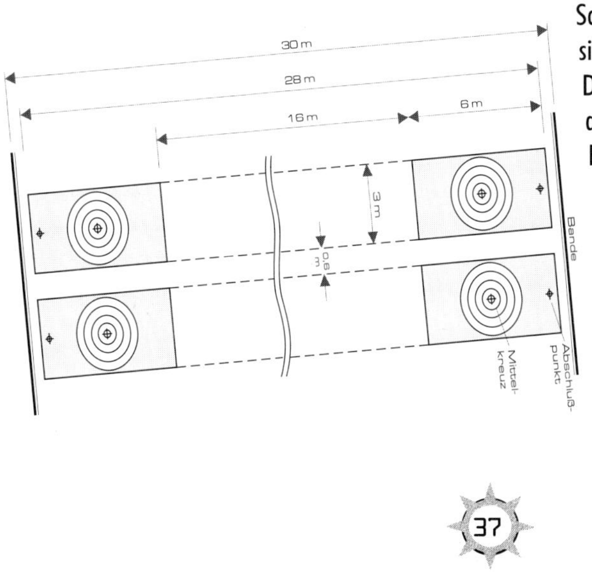

Bahn und Ausrüstung

Wie der Name schon sagt, wurden die Stöcke traditionell über Eisbahnen geschoben. Auch heute spielen die meisten Eisschützen entweder im Winter auf Natureis oder auf Kunsteis in überdachten Eishallen. Inzwischen gibt es Eisstock-Laufsohlen, die das Spielen auf Asphalt oder speziellen Kunststoffbahnen ermöglichen. Die Bahn ist 3 m breit und 28 m lang. Die letzten 6 m an jeder Seite der Bahn stellen das Zielfeld bzw. Schußabgabefeld dar. Für das Zielschießen sind in jedem Zielfeld fünf Ringe markiert: Der kleinste hat einen 10 cm-Radius, mit jedem Ring erhöht dieser sich um 60 cm. Die Eisstöcke (ca. 5 kg) gibt es in zahlreichen Variationen. Die wenigsten sind noch Stöcke mit fester Holzlaufsohle. Diese sind für den Urlaubsschützen auf Natureis ausreichend. Gängiger sind heute Metall- und Plastikstöcke, deren Laufeigenschaften und Gewicht man mit austauschbaren Laufsohlen variieren kann. Zunächst sollte man sich aber eine Bahn suchen, die Stöcke stellt.

coole Spielideen und andere

30 m
28 m
16 m
6 m
3 m
30 m
Bande
Mittel-kreuz
Abschluß-punkt

Eisstock-
schießen

Einzel-
wettbewerb

Hierzu zählen die Varianten des Zielschießens und das Weitschießen. Beim offiziellen Zielschießen spielt man in vier festgelegten Durchgängen. Der erste und der dritte Durchgang ist das Ringschießen. Von den sechs Schüssen werden nur die fünf besten gezählt. Wer es schafft, den größeren Flächenanteil seines Stockes auf den klitzekleinen Kreis in der Mitte zu plazieren, streicht satte 10 Punkte ein. Im nächsten Kreis gibt's 8 Punkte usw. Im zweiten Durchgang, dem Stockschießen, geht es darum, im Zielfeld aufgestellte Eisstöcke, aus diesem herauszuschießen, wobei aber der eigene Stock im Zielfeld zurückbleiben soll. Da das aber viel verlangt ist, wird die Punktvergabe gestaffelt:

• Trifft man einen Zielstock, ohne ihn rauszuschubsen, gibt's zwei Punkte;

• schubst man ihn erfolgreich raus, kann aber den eigenen Stock nicht im Zielfeld halten, gibt's drei Punkte;

• gelingt beides: vier Punkte.

Der vierte Durchgang ist eine Kombination aus Ring- und Stockschießen: Vor dem Zielfeld sind vier Stöcke aufgereiht:

Die beiden äußeren muß man so antitschen, daß der eigene Stock danach im Zielfeld liegen bleibt; die beiden inneren aber muß man mit dem eigenen Stock in die Kreise titschen. Für jeden Zielstock hat man immer einen Wurf. Der vierte Durchgang wird beendet mit zwei Stockschüssen wie im zweiten Durchgang. Zum Weitschießen: Geschossen wird ohne Anlauf auf einer langen, breiter werdenden Gerade. Die Weite wird da gemessen, wo der Stock ausgelaufen ist oder wo er die Bahn verläßt.

Teamwettbewerb

Zwei vierköpfige Teams spielen sechs Durchgänge (Kehren) je Spiel. Jeder Spieler hat einen Schuß je Kehre. Taktik und Tücke dieses Spiels liegen darin begründet, daß das Ziel innerhalb des Zielfeldes - die Daube - nicht fest liegt, sondern sehr mobil ist. Sie ist entweder ein Holzwürfel (Kantenlänge 10 cm) oder eine runde Gummischeibe (4 cm hoch, Durchmesser 12 cm, 400 g). Sowohl die Daube als auch die bereits gespielten Stöcke können mit jedem Schuß verschoben werden. Verläßt die Daube das Zielfeld, wird sie wieder in dessen Mitte gelegt. Stöcke, die das Zielfeld nicht erreichen oder herausgeschossen werden, müssen von der Bahn entfernt werden. Das Team, das nicht den bestplazierten Stock hat, ist immer wieder dran, bis es besser steht oder keine Stöcke mehr hat. Auch dann muß das andere Team aber seine Stöcke verschießen! Am Ende einer Kehre werden alle Stöcke des bestplazierten Teams gezählt, die vor dem bestplazierten Stock des zweiten Teams liegen. Spielentscheidend ist aber die Summe der Punkte nach allen sechs Kehren!

Der 4. Durchgang beim Zielschießen

1 m   7 m

Adresse

Deutsche Eisschützen-Vereinigung e.V.
Am Eisstadion 1
82467 Garmisch-Partenkirchen
Tel.: 0 88 21 - 9 51 00
Fax: 0 88 21 - 95 10 15

Coole Spielideen

Streetball und andere

Faustball

Deutschland ist nicht nur amtierender Weltmeister im Faustball, sondern seit Jahrzehnten die weltweit dominante Faustball-Nation. Zu den Konkurrenten gehören immerhin die Ballkünstler aus Namibia (wo 1995 die Faustball-WM stattfindet), Argentinien und Brasilien. Warum hört man nicht mehr von diesem Sport?

Spielidee

Faustball stellt höhere Anforderungen an die Fitneß der Spieler als Volleyball. Nicht nur weil der Ball bei fast gleicher Größe gut 100 g mehr wiegt, sondern vor allem weil das Spielfeld wesentlich größer ist (50 m lang und 20 m breit gegenüber 18 m x 9 m beim Volleyball) und dabei ein Spieler weniger auf dem Feld ist (5 statt 6). Der Faustball darf vor dem Schlag auftippen, muß es aber nicht. Das ist eine Voraussetzung, um die Entfernung des großen Feldes mit nur fünf Spielern zu überbrücken. Der Ball darf nur mit der geschlossenen Faust oder dem Unterarm höchstens dreimal von einem Team geschlagen werden. Jeder Spieler darf - anders als beim Volleyball - den Ball nur einmal spielen, was wiederum allen Beteiligten ein erhöhtes Laufpensum abverlangt. Der Ball muß über ein 2 m hohes Band gespielt werden (Volleyball-Netz 2,43 m). Die Spieler können den Ball auch jenseits des Bandes schlagen, dürfen es dabei aber nicht berühren.

Spielverlauf und Ausrüstung

Der Aufschlag (die Angabe) muß mindestens drei Meter vom Band entfernt erfolgen. Wenn der Ball das Band berührt oder ins Aus geht, erhält das andere Team einen Punkt und die Angabe wird wiederholt. Überhaupt führt jeder Fehler dazu, daß einerseits die Anderen einen Punkt kriegen und andererseits das eigene Team die Angabe machen muß (Angabe als Nachteil). Faustbälle kosten DM 95,- und mehr (Umfang 62-68 cm, 320-380 g), echte Faustballbänder gibt's ab DM 35,-.

Spielvarianten

Faustball-Tennis: Jedes Paßspiel entfällt, der Ball wird mit der ersten Berührung zurückgespielt. Kann bei jeder Feld- und Teamgröße gespielt werden. Bietet sich an, da Stopbälle und Topspins etc. mit dem Faustball gespielt werden können.

Mini-Faustball: Kleineres Feld und veränderte Bandhöhe. Das Spiel wird enger und schneller. Dazu sollten Absprachen zum Schmettern getroffen werden.

Adresse

Deutscher Turner Bund
Abteilung Faustball: Uli Schulz
Otto-Fleck-Schneise 8
60528 Frankfurt
Tel.: 069- 67 80 10

Federfußball

Hier ist noch Neuland zu erobern. Federfußball ist die erste von zahllosen ebenso faszinierenden wie in Europa gänzlich unbekannten asiatischen Fußballvarianten, die relativ systematisch im Abendland eingeführt werden soll. Sogar chinesische Spitzenteams wurden schon zu Demonstrationszwecken nach Deutschland eingeflogen. Der Samen ist gelegt, erste Vereine haben sich gerade gegründet, eine bundesweite Szene entsteht ... Im Gegensatz zum athletischen Soccer englischer Prägung stehen beim Federfußball asiatischer Herkunft die feine Technik, ganz genaues Spiel und fast schon akrobatische Körperbeherrschung im Vordergrund.

Foto: Thomas Jaklitsch

Spielidee

Alles steht und fällt hier mit dem Spielgerät, das dem jungen Sport seinen Namen gab: eben jenem Federfußball, auch Inn genannt. Das ist eine kleine, 5-Markstück-große Gummischeibe, auf die vier geteilte Federn gesteckt sind. Das Ganze wiegt etwa 60 g und kostet DM 8,-. Natürlich rollt dieses Spielgerät nicht! Alle Spielvarianten haben folglich die Grundidee gemeinsam, daß der Inn nicht den Boden berühren darf.

Foto: Thomas Jaklitsch

Foto: Karsten-Thilo Raab

Streetball und andere / Coole Spielideen

Spielvarianten

Kür: Hier wird nicht im eigentlichen Sinn gepunktet. Ein Spieler hält den Inn mit allen Körperteilen außer den Händen hoch. Er nimmt den Inn auf, indem er ihn sich auf den Fuß-Spann legt und hochschleudert. Zunächst berührt er das fedrige Spielgerät aber nur zweimal. Sein Gegenspieler muß nun die beiden Aktionen exakt nachahmen. Im zweiten Durchgang muß der Vorspieler den Inn viermal hochhalten. Der zweite Spieler macht das möglichst genau nach. Beim dritten Durchgang folgen sechs Berührungen usw. Ziel des Spiels ist nicht einfach, den Ball so oft wie möglich hoch zu halten, sondern möglichst kunstvolle Aktionen in die Kür einzubauen. Besonders anerkannt ist es, den Ball im Sprung zu kicken.

Federfußvolley: Hier spielen zwei Teams mit jeweils drei Spielern. Das Spielfeld ist 6 m breit und 12 m lang. Es ist durch ein 1,55 m hohes Netz geteilt. Jeder einzelne Spieler kann den Inn bis zu zweimal spielen. Mit der vierten Inn-Berührung muß ein Team das Federring wieder übers Netz spielen. Es darf auf die andere Seite geköpft werden, allerdings nur wenn der Spieler weiter als 2 m vom Netz entfernt ist. Der Aufschlag ist geregelt wie im Volleyball. Punkten kann nur das Team mit Aufschlagrecht. Macht ein Spieler des aufschlagenden Teams einen Fehler, geht das Aufschlagrecht auf das andere Team über. Wenn ein Team das Aufschlagrecht erhält, müssen die Spieler im Uhrzeigersinn eine Position weiter gehen. Aufgeschlagen wird von rechts, hinter der Grundlinie. Das Team, das mit zwei Punkten Vorsprung 15 Punkte erreicht, gewinnt einen Satz. Ein Match wird mit zwei Gewinnsätzen beendet.

Feder-Schnibbeln: Gespielt wird auf ein Tor mit den Abmessungen eines Handballtores (3 m breit, 2 m hoch). Vier Spieler sind beteiligt. Alle starten mit 10 Punkten. Der Spieler, der zuerst ins Tor geht, hat 12 Punkte. Die drei Spieler im Feld dürfen nicht näher als 1,50 m an das Tor herankommen. Sie spielen sich den Inn zu, ohne daß er zu Boden fällt. Spätestens nach der sechsten Berührung muß ein Torschuß erfolgen. Wenn der Torwart diesen Schuß hält oder aber der Inn das Tor verfehlt, muß der Schütze ins Tor. Mit jedem erzielten Tor verliert der Torwart einen Punkt. Erfolgt mit der siebten Inn-Berührung kein Schuß aufs Tor, muß der Spieler zwischen die Pfosten, der zuletzt den Inn gespielt hat. Wenn zwei Spieler alle ihre Punkte verspielt haben, spielen die beiden verbleibenden Spieler auf einem 3 m x 6 m großen Feld ohne Netz nach Volleyball-Regeln um den Sieg. Man kann Feder-Schnibbeln auch ohne Torwart auf ein entsprechend kleineres Tor (z.B. einen Papierkorb) spielen. Es ist nicht sinnvoll, dabei einen Sieger zu bestimmen, da jedes Tor nur durch Zusammenspiel zustande kommt.

Federkreis: Die Spieler bilden hier so einen Kreis, daß zwischen ihnen jeweils 4 m Platz ist. Ziel des Spieles ist natürlich, den Ball gemeinschaftlich so lange wie möglich hoch zu halten. Jedem einzelnen ist dabei alles erlaubt, außer den Inn in die Hand zu nehmen oder ihn zu Boden fallen zu lassen. Jeder darf den Ball so oft spielen, wie er will, wenn er abschließend noch in der Lage ist, den Ball vernünftig zu passen.

Feder-Tchouk: Zwei 6-köpfige Teams spielen hier auf einem 30 m x 50 m großen Feld. Hinter den Grundlinien ist die Endzone. Ziel des Spieles ist es nicht, Tore zu erzielen, sondern den Ball ohne Bodenberührung in die gegnerische Endzone zu befördern (Homedown). Jeder Spieler hat zwei Inn-Berührungen. Da das an sich schon schwierig genug ist, wurde vom Tchouk-Ball die Regel übernommen, daß der Angriff in keiner Weise gestört werden darf. Fällt der Ball allerdings zu Boden, darf das andere Team an Ort und Stelle seinen eigenen Angriff beginnen. Nach einem gelungenen Homedown beginnt das andere Team 20 m vor seiner Grundlinie den eigenen Angriff.

Feder-Strecke: Hier spielen Einzelspieler gegeneinander. Auch hier geht es natürlich darum, den Inn hochzuhalten. Aber dabei müssen sich die Spieler gleichzeitig nach vorne bewegen. Gewonnen hat, wer die längste Strecke schafft, ohne daß der Inn zu Boden fällt. Überflüssig zu sagen, daß es nicht gilt, sich den Inn in den Nakken zu legen und loszulaufen.

Adresse

Deutscher Federfußball-Bund
Peter von Rüden
Harkortstraße 29
58135 Hagen
Tel.: 0 23 31 - 40 10 34, Fax: 40 75 45

coole Spielideen

Federball und andere

Frisbeegolf

Obwohl inzwischen auch in Deutschland wirklich jeder Frisbee kennt, scheint nach wie vor kaum jemandem viel mehr dazu einzufallen, als ein ödes Hin- und Her-Werfen der Plastikscheibe. Frisbeegolf läßt die Vielseitigkeit des Frisbee erst voll zur Geltung kommen: Kraftvolle, weite sowie gefühlvolle, präzise Würfe sind im "Golfen" gleichermaßen gefordert. Man kann sich alleine, zu zweit oder in Teams über alle erdenklichen Distanzen und mit zahlreichen Verschärfungen nahezu endlos austoben oder entspannen, wie man will.

Spielidee

Eine Reihe von Zielen muß in einer bestimmten Abfolge angespielt werden. Der Schwierigkeitsgrad ist zwar beliebig, aber die Spieler sollten sich nicht unterfordern. Je abgefahrener der Kurs, desto interessanter wird natürlich das Spiel. Anzustreben sind Spielbahnen, die zwischen Abwurf und Ziel (fairway) zahlreiche "natürliche" Hindernisse" aufweisen.

Die Spieler einigen sich zuerst, wie sie zählen wollen. Entweder wird die Anzahl der gewonnenen "Löcher" gezählt, d.h. das Spiel auf ein Ziel ist beendet, sobald ein Spieler es erreicht hat, und er erhält dafür einen Punkt (match play). Oder es werden die Würfe gezählt, die jeder Spieler zur Beendigung des gesamten Kurses benötigt hat (stroke play).

Ed Headricks "Stangenloch"

Die Ziele

Die Ziele kann man fast an jedem beliebigen Ort selbst markieren. Es können aber auch vorhandene Gegenstände (z.B. Bäume) gewählt werden. Wem das zu unverbindlich ist, der kann sich ein größeres Einbahnstraßenschild bauen (Durchmesser ca. 1 m) und den weißen Balken aussägen (s. Abb. S. 43). Durch den entstehenden Schlitz muß dann die Scheibe gespielt werden, egal von welcher Seite. Wer professionelle Wettkampfbedingungen will, kann ja das offizielle, von Ed Headrick entwickelte "Stangenloch" nachbauen: Die Stange ist 1,30 m hoch, der Korb befindet sich in 60 cm Höhe, hat einen Durchmesser von 50 cm und ist 20 cm tief. Die Ketten lassen die Scheibe in den Korb tropfen und verhindern, daß gute Würfe einfach wieder von der Stange abprallen. Frisbeegolf verdient seinen Namen erst, wenn die Distanzen großzügig (100 m zwischen den Löchern) gewählt sind.

coole Spielideen

streetball und andere

Regeln

• Der Führende beginnt an jedem neuen "Loch". Auf dem Fairway wirft immer derjenige Spieler zuerst, dessen Scheibe am weitesten vom Ziel entfernt liegt.

• Der Landepunkt der Scheibe sollte markiert werden. Beim nächsten Wurf muß ein Fuß auf diesem Punkt stehen. Bei Würfen mit Anlauf, muß die Scheibe vor diesem Landepunkt die Hand verlassen haben.

• Bleibt das Frisbee in einer Höhe von über 2 m in einem Baum (o.ä.) hängen und fällt nicht innerhalb von einer Minute von selbst herunter, erhält der Werfer einen Strafpunkt.

• Erklärt ein Spieler seine Lage für unspielbar, erhält er einen Strafpunkt und spielt weiter von seinem letzten Abwurfpunkt. Frisbees, die innerhalb von fünf Minuten nicht gefunden werden können, gelten als "unspielbare Lage".

• Haben sich die Spieler auf eine Spielfeldbegrenzung geeinigt, bringt jeder Wurf ins Aus einen Strafpunkt.

Man kann sich ein "Ziel" auch selber bauen.

Spielvarianten

Golf-Crosslauf: Hier benötigt jeder Spieler mindestens zwei Scheiben. Gespielt wird Golf auf Zeit, die Anzahl der benötigten Würfe ist unwichtig. Der Spieler wirft seine Scheibe und läuft sofort mit. Wo sie landet, wirft er sofort seine zweite Scheibe, hebt die erste auf und so weiter. Jeder Wurf will genau abgewogen sein: Ein gut gezielter Wurf spart Laufstrecke, aber bei zu langem Zielen laufen die Mitspieler auf und davon, trotz schlechterer Würfe. Hier ist nicht nur Kondition und Geschwindigkeit spielentscheidend, sondern vor allem die Fähigkeit, sich trotz körperlicher Belastung zu konzentrieren und nicht in blinde Hektik zu verfallen. 1-1,5 km mit 5-10 Zielen ist eine gute Distanz.

Drei-, Vierkampf: Zu den in Golf-Manier zu spielenden "Löchern" kann man noch die Frisbee-Disziplinen Weitwurf, Selbstfangen und Zielwerfen hinzunehmen. Der Weitwurf erklärt sich von selbst. Beim Selbstfangen gibt es zwei Versionen:

• entweder die Scheibe muß so lange wie möglich in der Luft bleiben, bis der Werfer sie wieder fängt;

• oder der Werfer muß eine möglichst lange Strecke laufen, bis er seine Scheibe wieder auffängt. Beim Zielwerfen hat man eine vorgegebene Anzahl von Würfen aus einer festen Distanz auf ein festes Ziel (z.B. einen aufgerichteten Hula-Reifen).

Ausrüstung

Es gibt inzwischen unzählige Arten von Frisbeescheiben. Die allermeisten kosten zwischen DM 5,- und 20,-. Wer sich an ausgedehnten Spielbahnen erfreut, sollte sich eine Scheibe speziell für Weitwürfe leisten.

Tendenziell kann man sagen, daß die schwereren Scheiben (um 165 g) im Flugverhalten kontrollierbarer sind, was für die Würfe in der Nähe des Zieles natürlich wichtig ist. Für Weitwürfe gelten die relativ flachen Scheiben mit keilförmigem Rand (um 119 g) als Standard. Prinzipiell muß aber wie immer jeder selbst probieren, womit er am besten klarkommt.

Adresse

Hartmut Wahrmann
Ybelherstraße 13
82362 Weilheim
Tel.: 08 81 - 6 26 48 o. 4 99 65
Fax: 08 81 - 6 13 22

streetball und andere coole Spielideen

Fußball

Wenn Rom mit schlappen 2700 Jahren die "ewige Stadt" ist, dann ist das Spielen eines Balles mit dem Fuß seit 4500 Jahren allemal der "ewige Sport". Hierzulande wird Fußball nicht unzutreffend, aber doch recht gebetsmühlenhaft als 'Volkssport Nr.1' bezeichnet. Dabei ist heute z.B. kaum mehr vorstellbar, daß im Japan des 7. Jahrhunderts prunkvoll gekleidete Edelleute auf einem von vier Zeremonienbäumen begrenzten Spielfeld mit großem Ernst den Ball traten. So lang die Geschichte des Fußballspiels ist, so bunt und zahlreich sind seine Varianten. Hierzulande ist Fußball den einen anarchischer Sport mit genialen Volkshelden (von Günter Netzer bis Mario Basler), den anderen Inbegriff für Unterordnung und Spielsystem (ihr Held: Hans-Hubert Vogts). Es geht hier nicht in erster Linie darum, die eine Regel-Variante aus Cambridge herzubeten, die als Soccer weltweit gespielt wird. Uns geht es vor allem darum, was Fußball darüber hinaus sein kann.

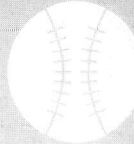

Spielidee

Die vor lächerlichen 130 Jahren in Cambridge festgelegte und inzwischen weltweit meistgespielte Fußball-Variante sieht zwei Teams mit jeweils 10 Feldspielern und 1 Torwart vor. So viele Menschen brauchen ein großes Spielfeld: Offiziell akzeptabel sind die Abmessungen 45-70 m x 90-120 m. Der Ball wird nicht mehr wie im Rugby oder beim klassischen Calcio in eine Endzone gebracht, sondern in ein 7,32 m x 2,44 m großes Tor befördert. Der Ball darf mit allen Körperteilen, außer den Armen und Händen bewegt werden. Der Torwart genießt das Privileg, den Ball innerhalb des 16 m-Raumes mit der Hand spielen zu dürfen. Rempeln mit angelegtem Arm und andere Aktionen, die den ballführenden Gegenspieler zu Fall bringen, sind erlaubt, wenn sie dem Ball gelten. Es darf also nicht einfach mit angelegtem Arm alles niedergewalzt werden. Die meistverfluchte Regel im Fußball ist mit großer Wahrscheinlichkeit die Abseits-regel: Abseits kann ein Spieler nur in der gegnerischen Hälfte stehen und nur wenn er von einem Spieler des eigenen Teams angespielt wird. Dazu muß er im Augenblick der Ballabgabe der gegnerischen Torlinie näher sein als der Ball und jeder gegnerische Feldspieler. Kein Abseits kann auf Einwürfe vom Seitenaus, auf Eckbälle und auf Pässe aus der eigenen Hälfte folgen.

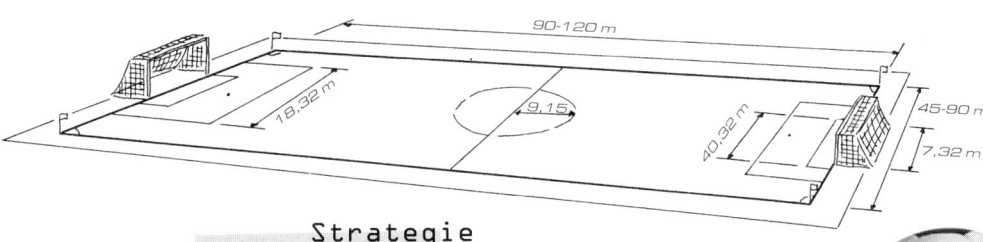

Strategie

Ob man jetzt 11 oder weniger Spieler auf dem Feld hat, ändert nichts an den groben Aufgabenbereichen, die zu vergeben sind. Der zur Verfügung stehende Raum und die Anzahl der Spieler erlauben allerlei strategische Alternativen, die bei kleineren Rahmenbedingungen nicht so möglich sind. Grundsätzlich wird verteidigt, um gegnerische Tore zu verhindern, und angegriffen, um selber Tore zu schießen. An beidem relativ gleichmäßigen Anteil haben die Mittelfeldspieler. Alle Spielsysteme sollten aber nur als Orientierungsrahmen für die sich doch immer frei entfaltende Spieldynamik angesehen werden. Im American Football mag man mit militärischer Aufgabenverteilung und Befehlshierarchie "spielen", im Fußball niemals! Drei Aufstellungen lassen ungefähr die grundsätzlichen Alternativen der Aufstellung eines Teams erkennen:

"WM"-Aufstellung:
5 Verteidiger, 5 Stürmer

Die eher mit der Verhinderung gegnerischer Tore und dem Spielaufbau von hinten befaßten Spieler stehen wie ein M. Die für Tore zuständigen Spieler stehen wie ein W. In dieser Aufstellung soll jeder Spieler einen direkten Gegenspieler und einen auch räumlich festgelegten Spielbereich haben. Jeder Spieler wird von seinen technischen und körperlichen Möglichkeiten als Spezialist angesehen.

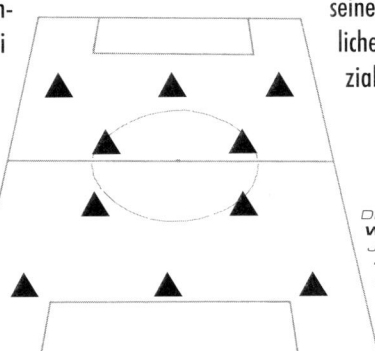

Die Stürmer stehen wie ein W, die Verteidiger wie ein M. Jeder Spieler
• hat einen direkten Gegenspieler und einen begrenzten Aufgabenbereich und
• ist für eine Position spezialisiert.

Die klassische brasilianische 4-2-4-Aufstellung:

4 Stürmer, 2 Mittelfeldspieler, 4 Verteidiger

Neu an dieser Aufstellung war die ständige Variation der von den Spielern wahrgenommenen Spielaufgaben. Hier fallen die Stürmer mit Mittelfeldspielern einerseits bis in die Verteidigung zurück, andererseits tragen aber auch mal bis zu 8 Spieler gemeinsam einen Angriff vor. Die Voraussetzung dafür sind nicht nur technisch und körperlich vielseitige, sondern obendrein auch noch "intelligente" Spieler, die auf jede Spielsituation sofort angemessen reagieren können.

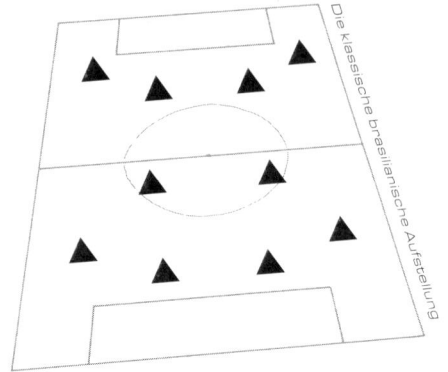

Die klassische brasilianische Aufstellung

• Ständige Variation der wahrgenommenen Spielaufgaben
• Technisch vielseitige, schnelle, "intelligente" Spieler

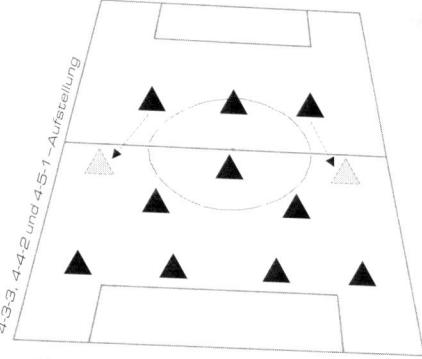

4-3-3, 4-4-2 und 4-5-1-Aufstellung

Zu große Kontergefahr der 4-2-4-Spielweise führt oft zur Stärkung des Mittelfeldes auf Kosten des Sturms

4-3-3, 4-4-2 und 4-5-1-Aufstellungen:

4 Verteidiger, 3-5 Mittelfeldspieler, 1-3 Stürmer

Da die gerade beschriebene Aufstellung mit phasenweise 8 Stürmern eine große Kontergefahr birgt, wird das Mittelfeld oft auf Kosten des Sturms gestärkt. Bei übergroßem Sicherheitsbedürfnis führt das zum Spiel mit einer einzigen Sturmspitze, 4 Verteidigern und 5 Mittelfeldspielern. Spielen zwei Teams mit derartigen Aufstellungen gegeneinander, kann Fußball zu einer der ödesten Sportarten der Welt mutieren.

Spielvarianten

Bolzen: Gemeint ist damit das wilde Fußballspiel auf Wiesen, Asche, in Hallen, Höfen ... Wild heißt, daß hier alles möglich ist. Gespielt wird sowohl auf ein wie auf zwei Tore. Ihr könnt mit Torwart spielen oder ohne, es kann aber auch jeweils der "letzte Mann" automatisch Torwart sein. Wird ohne richtige Tore gespielt, sondern nur mit T-Shirt-Haufen als Pfosten, sollten die Spieler sich einig sein, bis zu welcher Höhe Torschüsse gelten. Meist ist schnell Einigkeit darüber erzielt, daß die Abseitsregel nicht gilt. Es können Weitschüsse verboten werden, die Tore können von hinten wie von vorne angespielt werden, auf jegliche Spielbegrenzung kann verzichtet werden ...

Weitere Spielvarianten

Zonen-Ball: Das rechteckige Spielfeld ist bei zwei 5-köpfigen Teams ca. 15 m x 30 m groß. Bei kleineren Teams entsprechend kleiner. Gespielt wird ohne Tore. Hinter den beiden Grundlinien befindet sich auf beiden Seiten eine 2 m-Zone. Gepunktet wird, indem der Ball in der gegnerischen Zone angenommen und unter Kontrolle gebracht wird. Während der Ballannahme in der Endzone darf ein Stürmer nicht attackiert werden. Ein Ball, der nach der ersten Ballannahme vom Fuß und aus der Zone springt, zählt nicht. Hier ist schnelles, möglichst direktes Zuspiel gefragt. Das klappt natürlich nur, wenn sich die Mitspieler permanent frei laufen und anbieten. Gespielt wird bis 10 oder 2 x 10-15 Minuten. Das ist beileibe nicht zu kurz, denn hier geht es recht hektisch und kurzatmig zu.

Sturmauge: Diese Variante kann gut ohne Spielfeldbegrenzung gespielt werden. Wenn die äußeren Umstände es allerdings erfordern, eine Feldbegrenzung festzulegen, muß es ein quadratisches und kein rechteckiges Feld sein. Im Zentrum des Feldes steht ein hüfthohes Tor. Zwei 3er-Teams spielen von beiden Seiten auf das Tor. Es wird natürlich ohne festen Torwart gespielt, aber ein Spieler des verteidigenden Teams kann sich auf die Torlinie stellen, darf aber den Ball nicht mit der Hand abwehren. Handspiel wird als Tor für das andere Team gewertet.

Schweinchen: Vier Spieler bilden einen 10-15 m durchmessenden Kreis. Innerhalb des Kreises stehen zwei Spieler. Die äußeren Spieler sind in Ballbesitz. Sie passen sich den Ball so zu, daß die "Schweinchen" in der Mitte ihn nicht erreichen. Dabei dürfen sie den Ball aber höchstens zweimal berühren. Den inneren Spielern kann erlaubt werden, sich nach Torwartmanier um den Ball zu bemühen, also einschließlich Fletschen und Handspiel. Anspruchsvoller ist die Variante, nach der auch sie den Ball nicht mit der Hand spielen dürfen. Hat ein Spieler den Ball abgefangen, kommt er in den Außenkreis. Der Außenspieler, der zuletzt den Ball berührt hat, muß dafür in die Mitte.

Kreisfußball: Das verteidigende Team bildet einen Kreis. Seine Spieler stehen im Abstand von 1-1,5 m zueinander. Ein Drittel des ballbesitzenden Teams ist innerhalb dieses Kreises. Die anderen zwei Drittel stehen außerhalb des Kreises. Das ballführende Team versucht nun, sich den Ball durch den gegnerischen Kreis hindurch zuzupassen. Jeder gelungene Paß durch die Reihen der Gegner bringt einen Punkt. Gespielt werden 2 x 20 Minuten. Nach der Halbzeit tauschen die Teams ihre Rollen.

Fußballtennis: Das Spielfeld ist 10-15 m x 20-25 m groß und in der Mitte durch ein Netz geteilt. Es kann hier sowohl ein um die 90 cm hohes Tennisnetz, als auch ein 2-2,50 m hohes Volleyballnetz gespannt werden. Abgesehen von wenigen Ausnahmen wird nach Volleyball-Regeln gespielt. Der Aufschlag erfolgt als Dropkick oder Volley aus der Hand. Jedes Team hat auch hier 3 Ballberührungen, aber der einzelne Spieler darf den Ball auch dreimal berühren. Allerdings darf der Ball zwischen diesen 3 Berührungen nicht auf den Boden fallen. Zwischen den Ballkontakten zweier Spieler darf der Ball einmal auftitschen. Auch der vom gegnerischen Team herübergespielte Ball darf einmal den Boden berühren, bevor er aufgenommen wird. Ein normaler Fußball ist etwas zu schwer für diese Variante, besser geeignet ist ein Volleyball oder ein anderer leichter Ball.

coole Spielideen

Fußball und andere

Fußball

Kemari: Das ist die bereits erwähnte Fußballvariante der erlesen gekleideten japanischen Adeligen im 7. Jahrhundert unserer Zeitrechnung. Das Spielfeld mißt 14 m x 14 m und war im Japan der Altvorderen von 4 Zeremonienbäumen (genannt Shikiboku) markiert. Innerhalb dieses Bezirks versuchten 6-10 Spieler, solange als möglich einen kunstvoll gefertigten Hirschlederball hoch zu halten. Der gültige Rekord wird mit 5188 Ballberührungen ohne Bodenkontakt innerhalb von vier Stunden aus dem Jahre 1681 überliefert.

Hoop-Takraw: Die Grundidee dieses in Südostasien weit verbreiteten Sports ist die gleiche wie beim Kemari. Der Ball darf nicht den Boden berühren. Takraw wird aber mit einem Rattanball gespielt, der einen Durchmesser von 40 cm hat, dabei aber nur 225-285 g wiegt. Findet man nichts Vergleichbares aus Plastik, kann man sich am ehesten mit einem Volleyball behelfen. Die in Thailand beliebteste Variante ist das Hoop-Takraw. Es wird von zwei 7-köpfigen Teams auf einem 15 m durchmessenden, runden Spielfeld gespielt. Das "Tor" hängt hier in stolzen 6,10 m Höhe und besteht aus drei Ringen über einem Korb. Der Ball wird hier innerhalb eines Teams, ohne die Erde zu berühren gepaßt, bis ein Spieler in guter Schußposition ist. Er kann nicht nur mit dem Fuß, sondern auch mit der Schulter und dem Ellbogen gespielt werden. Ein Treffer bringt umso mehr Punkte, je komplizierter er erzielt wurde. Der höchstdotierte Schuß ist der mit beiden Fersen zunächst durch die hinter dem Rücken zu einem Ring gespannten Arme und dann erst in den Ringkorb gespielte Ball. Als mitteleuropäischer Anfänger sollte man zunächst mal den Korb ein paar Meter tiefer hängen und weniger spektakuläre Punkte anstreben.

Calcio Fiorentino: Das ist zumindest für Tifosi die heilige Urform des südeuropäischen Fußballs. Aber es hat doch einiges gemeinsam mit Rugby. Das Spielfeld ist eine Spur kleiner als unsere Fußballplätze. Ein Team besteht aus 27 Spielern, die in vier Reihen aufgestellt sind: An der Mittellinie stehen in drei 5er-Gruppen 15 Stürmer beisammen. Hinter ihnen stehen über die ganze Spielfeldbreite verteilt die 5 Zerstörer, deren Hauptaufgabe das Abfangen weiter gegnerischer Pässe sowie der eigene großangelegte Spielaufbau ist. Hinter ihnen wiederum steht die 4er-Kette der vorderen Ballgeber, die aus bedrängter Lage den Ball nach vorne zu den Stürmern schlagen. Schließlich erfüllt die letzte Reihe der drei hinteren Ballgeber die Funktion der Ausputzer vor der Endzone. Der Ball muß über die gegnerische Grundlinie getrieben werden. Gespielt wird mit einem Fußball. Die alten Florentiner Regeln erlauben auch das Stoßen des Balles mit der Faust. Aber es galt als "dumme und unschöne Art" der Ballführung. Die Spieler dürfen direkt attackiert und umgerissen werden. Wenn der Spielfluß in einem Berg von Leibern erstickt wird, wird der Ball auf gleicher Höhe vom angreifenden Team an der Seitenauslinie eingeworfen.

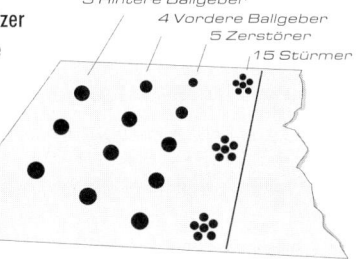

3 Hintere Ballgeber
4 Vordere Ballgeber
5 Zerstörer
15 Stürmer

Endet das zweimal erneut in einem Menschenhaufen, erhält beim dritten Mal das verteidigende Team den Ball. Seinen merkwürdigen Reiz entfaltet dieses Spielfest erst, wenn die komplizierte Teamstruktur beibehalten und nicht größerer Effizienz geopfert wird. Die Spielzeit beträgt 1 Stunde.

Adresse

Deutscher Fußball-Bund
Otto-Fleck-Schneise 6
60528 Frankfurt
Tel.: 069 - 678 80
Fax: 069 - 678 82 66

coole Spielideen

Fußball un andere

Gälischer Fußball

Neben dem Hardcore-Hockey Hurling ist Gaelic Football der irische Sport schlechthin. Eine so haarsträubende Mixtur aus Handball, Fußball und Rugby konnte wohl nur auf dieser wundersamen Insel ersonnen werden. Gälischer Fußball ist dabei weniger der Sport der harfezupfenden Barden als der rauflustigen Rebellen: Vor einhundert Jahren wurde es wiederbelebt als die irische Antwort auf Soccer und Rugby aus England. Es ist ein schnelles, verwirrend vielseitiges und sehr hartes Spiel, zu dem die Spieler eine gewisse Lust am rauhen Körpereinsatz schon mitbringen müssen.

Spielidee

Das Auffälligste an dieser Fußballvariante ist, daß der Ball auch mit der Hand gespielt werden darf. Er wird gefangen, gefaustet und auch geworfen, darf aber nur mit dem Fuß vom Boden aufgenommen werden. Die Spieler dürfen das runde Spielgerät zwar tragen, aber nur vier Schritte weit. Das Spielfeld ist mit 91 m x 146 m wesentlich größer als ein Fußballplatz. Dafür hat ein Team aber neben dem Torwart auch 14 Feldspieler. Der Torwart ist nötig, da "richtige" Tore geschossen werden. Gespielt wird auf ein Fußballtor, allerdings ragen die Pfosten 2,50 m über die Latte hinaus. Ein Torschuß unter der Latte zählt 3 Punkte, geht der Ball zwischen den Pfosten über die Latte bringt das 1 Punkt. Tore können nur mit dem Fuß erzielt werden. An Attacken auf den Ballträger ist beinahe alles erlaubt: nur Schläge sowie das Reißen an Armen, Beinen und Kopf sind verboten. Es gibt Platzverweise für nicht mehr durch den Spielverlauf zu rechtfertigende Fouls. Gespielt werden zwei Halbzeiten à 35 Minuten.

Spielvarianten

Soft-touch: Die Behandlung des Balles wird hier übernommen, aber der Körperkontakt zwischen den Spielern wird entsprechend den bei uns üblichen Fußballregeln beschränkt.

Vorwärts!: Die Variante ist das Richtige für all jene, denen jedes Defensiv-Spiel und Sicherheits-Geplänke zuwider ist. In Umkehrung des Rugby-Gebots, nur nach hinten abgeben zu dürfen, wird hier der Ball gnadenlos nach vorne oder allenfalls auf gleicher Höhe gespielt. Ein Rückpaß wird mit einem Freistoß für das gegnerische Team geahndet.

Dublin: Diese Variante ist besonders dann angesagt, wenn gerade mal kein 146 m langes Feld, keine Tore mit 5 m hohen Pfosten und keine 30 Leute zur Verfügung stehen. Die Größe des Feldes wird der Anzahl der beteiligten Spieler angepaßt. Die freizügige Handhabung des Balles bleibt bestehen. Jetzt wird allerdings nicht mehr auf Tore gespielt, sondern in eine 2-3 m tiefe Endzone hinter beiden Grundlinien. Der Ball muß in der gegnerischen Endzone kontrolliert im Ballbesitz sein. Also kann ein Spieler den Ball mit dem Fuß führend in die Endzone gehen oder aber ein Mitspieler in der gegnerischen Endzone angespielt werden. Er muß allerdings den Ball sauber innerhalb der Endzone mit den Füßen stoppen, schnappen gilt hier nicht.

Adresse

Gaelic Athletic Association
Croke Park, Dublin 3
Republic of Ireland
Tel.: 00 35 - 1 - 8 36 32 22
Fax: 00 35 - 1 - 8 36 64 20

Golf

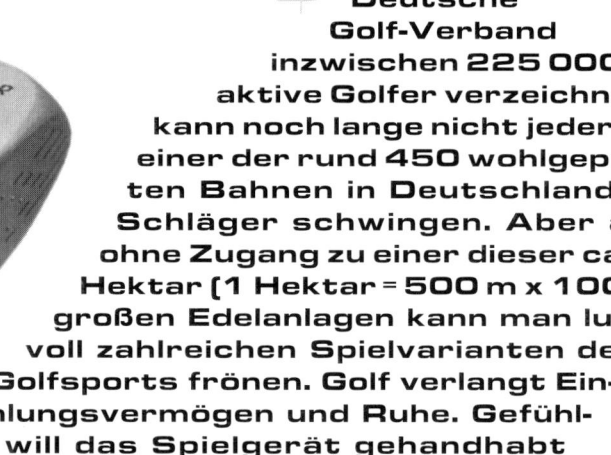

Obwohl der Deutsche Golf-Verband inzwischen 225 000 aktive Golfer verzeichnet, kann noch lange nicht jeder auf einer der rund 450 wohlgepflegten Bahnen in Deutschland den Schläger schwingen. Aber auch ohne Zugang zu einer dieser ca. 50 Hektar (1 Hektar = 500 m x 100 m) großen Edelanlagen kann man lustvoll zahlreichen Spielvarianten des Golfsports frönen. Golf verlangt Einfühlungsvermögen und Ruhe. Gefühlvoll will das Spielgerät gehandhabt werden und in aller Ruhe sollte die Umgebung für jeden Schlag "gelesen" werden. Kraft ist auch im Freestyle-Golf nur mit innerer Gelassenheit präzise in diesen verflucht kleinen Pocken-Ball zu übertragen. Also: nichts für Berserker ...

Ausrüstung

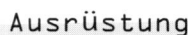

Spielidee

Die Grundidee des großen 18-Loch-Golf bleibt auch in seinen kleineren Spielarten erhalten: Der Golfball soll mit möglichst wenigen Schlägen auf einem natürlichen Gelände an oder in ein Ziel gespielt werden. Über welche Distanzen dabei gespielt und welche Hindernisse einbezogen werden, hängt nicht nur von der persönlichen Einsatzbereitschaft ab, sondern sicher auch von der Geländebeschaffenheit und der Art des eingesetzten Spielgerätes.

Wer schon Hockey-Schläger besitzt, kann natürlich auch damit ins Gelände gehen und verschiedene Hockey-Golf-Varianten spielen. Es gibt auch verschiedene Hobby-Hockeyschläger, die nicht mehr als DM 30,- kosten. Wesentlich vielseitiger als Hockey-Schläger sind aber Golf-Freizeit-Sets: Dazu gehört ein Schläger für längere Schläge, einer zum Heranspielen an das Loch und einer zum Einlochen, sowie mobile "Löcher" und spezielle, für die leichtere Schlägerausführung geeignete Bälle (zum Nachkaufen: 6 Stck. DM 3,-). Derartige Sets reichen für den Gelegenheitsgolfer voll aus und kosten um die DM 60,-. Sehr schöne mobile Ziele geben die sogenannten Pitching-Netze ab: Die Golfer benutzen sie, um die kurzen Lupfer mit Bogenlampen-Flug-

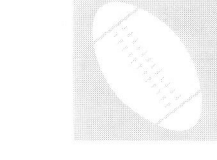
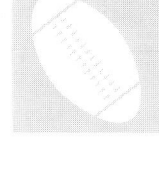

bahn zu üben. Die sehen aus wie ein zugenähter Basketball-Korb in einem ca. 0,5 m hohen Metallgestell (natürlich ohne Brett) und kosten in robuster Ausführung DM 60,-. Richtige Golfschläger gibt es günstigstenfalls als Starter-Set mit 5 verschiedenen Schlägern und Tasche ab DM 250,-. Ein echter Marken-Golfball kostet dagegen nur läppische DM 2,50.

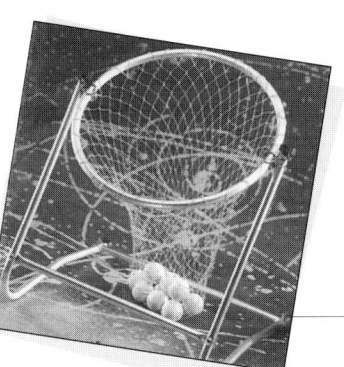

Ein Pitching-Netz

Spielvarianten

Uhrwerk: Die Spieler einigen sich auf einen Abschlagpunkt und ein 20-80 m entferntes Zielgebiet (Green), das als ein 10-20 m durchmessender Kreis mit zwölf Punkten markiert ist. Zunächst müssen die 2-6 Spieler ihren Ball in das Zielgebiet spielen. Irgendwo im Green - nur nicht in der Mitte - ist das "Loch". Perfektionisten können sich "Übungslöcher" kaufen oder als Loch eine leere Dose einbuddeln, aber letzteres ist nicht empfehlenswert, wenn im Stadtpark oder so gespielt wird .... Laßt Euch was einfallen! Ist der Ball im Zielgebiet gelandet - selbst wenn er im Loch landet -, wird er zurück an einen der zwölf Punkte am Rand des Greens gelegt. Von dort muß er in das Loch gespielt werden. Im Uhrzeigersinn wird so von allen zwölf markierten Punkten rund ums Green eingelocht. Wer mit den wenigsten Schlägen durch ist (einschließlich der Schläge bis zum Green), hat gewonnen. Die Spieler schlagen abwechselnd je einen Schlag. Die gegnerischen Bälle dürfen sich berühren während des Spiels.

Disc-Golf: Das Ziel ist hier eine Frisbee-Scheibe. Ein Spieler wirft die Frisbee-Scheibe wohin und soweit er will. Wo sie landet ist das "Loch". Alle schlagen der Reihe nach vom Abschlag; wer als erster die Scheibe erreicht, kriegt einen Punkt und darf die Scheibe für den zweiten Durchgang werfen. Man kann entweder vereinbaren, daß die Scheibe nur angespielt werden muß, oder man dreht das Frisbee auf den Kopf, und zum Einlochen muß der Ball in der Scheibe liegen bleiben.

Billiard-Golf: Zwei Spieler/Teams haben jeweils 4-6 Bälle. Ein weiterer Ball ist farblich gekennzeichnet. Die Spieler bestimmen 6 Löcher im Gelände, das nicht zu klein sein sollte. Die Löcher können so gleichmäßig angeordnet sein, wie man es vom Pool-Billard her kennt, können aber auch total chaotisch verteilt sein. Man sollte anhand vorhandener Dinge das Spielfeld grob begrenzen (z.B. von Baum zu Baum). Jedes Team wirft nun nach Belieben die Bälle des anderen Teams in das festgelegte Spielfeld. Wer anfängt, entscheidet die Münze. Die Bälle müssen eingelocht werden, in welche Löcher und in welcher Reihenfolge ist völlig egal.
Wer einen Ball einlocht, erhält einen oder zwei (je nach Feldgröße) Freischläge. Nach dem Einlochen des letzten Balles eines Teams, muß noch der farblich besonders gekennzeichnete Ball in das zuletzt gespielte Loch gespielt werden, um zu gewinnen.

Adresse

Deutscher Golf Verband
Friedrichstraße 12
65185 Wiesbaden
Tel.: 06 11- 99 02 00
Fax: 06 11- 9 90 20 40

coole Spielideen

Guts

Wer im Spiel dem direkten Schlag-abtausch den Vorzug gibt vor langwierigen Strategien, der ist mit Guts gut bedient. In dieser High-Noon-Variante des Frisbee-Spiels ist nicht nur der harte, kraftvolle Wurf gefragt: Zupacken, ohne zu zögern, ist genauso wichtig.

Spielidee

Zwei Teams stehen sich in 14 m Entfernung gegenüber. Abwechselnd pfeffern sie eine Frisbeescheibe so hart und unkontrollierbar wie nur möglich in die Reihe der anderen, die mit allen Mitteln versuchen, die Scheibe zu schnappen, bevor sie den Boden berührt.

Spielfeld

Das Spielfeld ist 8-10 m breit und in drei 14 m tiefe Bereiche geteilt, also insgesamt 42 m lang. Die fünf Spieler eines Teams stehen entlang der Linie, die ihren Spielbereich in Richtung Spielfeldmitte markiert. Wenn alle ihre Arme ausstrecken, sollten sie fast die Fingerspitzen ihres Nachbarn berühren.

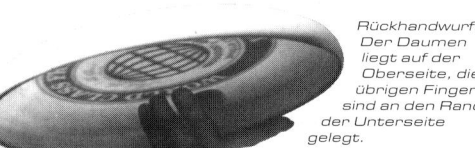

Rückhandwurf: Der Daumen liegt auf der Oberseite, die übrigen Finger sind an den Rand der Unterseite gelegt.

Werfer

Es wird ausgelost, welches Team den ersten Wurf hat. Der erste Werfer jagt nun die Plastikscheibe über die 14 m in die Reihe der Fänger. Die Scheibe muß dabei im Luftraum über dem Spielfeld bleiben und in erreichbarer Höhe ankommen. Spitzenspieler beschleunigen das Frisbee dabei auf über 120 Stundenkilometer! Aber: Reine Gewaltwürfe sind auch hier nicht der Weisheit letzter Schluß. Wer sich auf die Geschwindigkeit seiner Würfe verlassen will, der muß auch schon äußerst präzise werfen können. Wer das nicht kann, wird seine Kraftwürfe nur in den Himmel oder ins Aus hämmern. Und auch ein mit aller Kraft geradewegs in die Arme der Fänger gespielter Frisbee ist recht leicht zu fangen.

Technik und Taktik:

Alternativ zur reinen Kraftmeierei kann der Werfer versuchen, die Scheibe so trudelig, wackelig und unvorhersehbar wie möglich zu werfen. Dazu werden Vorhand- und Umkehrwürfe eingesetzt: Beim Vorhandwurf kann in der Regel die Scheibe nicht so hart gespielt werden. Dafür beschreibt sie einen scharfen, schlecht kalkulierbaren Bogen und geht am Ende wie ein Kamikaze-Flieger zu Boden. Beim überkopf geworfenen Umkehrwurf fliegt die Scheibe mit der Wölbung nach unten, also 'auf dem Kopf'. Dadurch fliegt sie nicht nur wackelig, sondern verliert auch ganz plötzlich ihr Luftkissen und plumpst dadurch zu Boden. Allerdings ist bei diesem Wurf die Scheibe noch langsamer: Geht sie zu spät runter, kann sie leicht gefangen werden. Sackt sie aber zu früh ab, ist der Wurf ungültig.

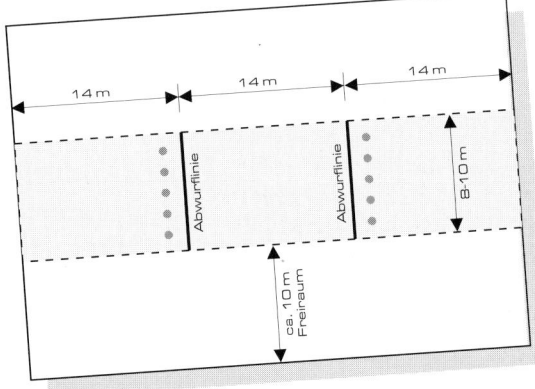

Fänger

Aufgabe des Fangteams ist selbstredend das Fangen. Aber das heranrasende Frisbee muß nicht mit der ersten Berührung gefangen werden. Es darf von allen Spielern mit allen Körperteilen beliebig oft berührt werden, bis es schließlich sicher mit einer Hand gefangen wird. Nur den Boden darf es vorher nicht berühren. Die Scheibe darf nicht durch die Berührung von zwei Körperteilen (Einklemmen) gefangen werden.

Technik und Taktik:

Es ist nicht unbedingt sinnvoll, das Frisbee direkt fangen zu wollen. Oft ist es klüger, die Scheibe mit der ersten Berührung "nur" hochzuhalten. Sie wird damit entschärft, indem ihr Drall und Tempo genommen wird. Dazu wird z.B. unter die Scheibe geschlagen oder getreten. Kommt die Scheibe relativ gerade und hart angeflogen, kann sie am Rand angeschlagen und möglichst einem Mitspieler zugespielt werden. Auch dabei verliert die Scheibe stark an Drall und Tempo.

Beim Vorhandwurf wird die Scheibe leicht nach rechts geneigt.

Spielvarianten

Western-Style: Wer Guts Eins-gegen-Eins spielen will, muß Duelle lieben und sehr präzise werfen können. Gespielt wird auf einem 4 m breiten, dreimal 10 m langen Feld.

Bulling the Ring: 10-12 Spieler stellen sich in 2 m-Abständen im Kreis auf. Punkte erhalten die Spieler, die die Scheibe fangen. Besonders geeignete Würfe sind hier hohe und weite Bogenlampen. Der Phantasie sind natürlich keine Grenzen gesetzt. Vorsicht: Wenn man sich keine näheren Regelungen dazu überlegt, wer, wann und wie fangen darf, kommt es erfahrungsgemäß zu rugbyähnlichen Situationen, wenn die Scheibe runterkommt.

Zählweise

Das Fangteam erhält nicht nur für das Fangen der Scheibe Punkte, sondern auch für ungültige Würfe (ins Aus oder zu hoch) des anderen Teams. Für jede korrekt geworfene und nicht gefangene Scheibe erhält das Wurfteam einen Punkt. Das Übertreten beim Abwerfen macht zwar den Wurf ungültig, bringt dem Fangteam aber ausnahmsweise keinen Punkt. Die Teams werfen bzw. fangen immer abwechselnd. Jedes Spiel geht bis 21, es muß aber mit zwei Punkten Vorsprung gewonnen werden.

Adresse

Deutscher Frisbee-Sportverband
Gert Rosenowski
Am Stadtrand 20
26127 Oldenburg
Tel.: 04 41 - 3 04 91 01

coole Spielideen

Indiaca

A ngeblich sind die Indianer Südamerikas vor Jahrhunderten darauf gekommen, einen ovalen Lederknubbel mit Federn zu schmücken und sich mit der Hand zuzupassen. Hier im Norden ist Indiaca inzwischen als lockere Strand- und Wiesenvariante des Volleyball bekannt. Aber es muß nicht nur locker sein: Schnell und kraftvoll ist es auch als "Indiaca Caliente" spielbar.

0.90 - 1.85 m

10 - 13 m

Grundlinie   Aufschlag

4,5 - 5,5 m

Spielidee

Der große Federball, die Indiaca, wird mit der flachen Hand gespielt, als Vorhand wie als Rückhand. Die Spielregeln sind ziemlich identisch mit denen des Volleyball: Aufgeschlagen wird von hinten rechts, außerhalb der Auslinie, als tiefer Schlag von unterhalb der Gürtellinie. Der Ball darf je Spielzug höchstens dreimal von einem Team gespielt werden, aber nicht zweimal hintereinander von einem Spieler. Punkten kann nur das aufschlagende Team. Hat ein Team den Aufschlag gewonnen, rotieren alle Spieler im Uhrzeigersinn eine Position weiter. Ein Satz wird mit 15 und mindestens zwei Punkten Vorsprung gewonnen. Die Teamgröße ist von 1 bis 12 variierbar. Wie anstrengend das Spiel ist, hängt vor allem von der gewählten Feldgröße ab. Logischerweise müssen kleine Teams in großen Feldern mehr laufen und kommen auch nicht ohne den einen oder anderen Hechtsprung aus.

Adresse

Deutscher Turner-Bund
Otto-Fleck-Schneise 8
60528 Frankfurt
Tel.: 069 - 67 80 10
Fax: 069 - 6 78 01 79

Spielfeld

Im Einzel sollte das Feld ca. 4,5 m x 10 m messen, im Doppel sollte es schon 5,5 m x 13 m haben. Mit zunehmender Spielerzahl und je nachdem wie fit man ist bzw. wie sehr man sich verausgaben will, vergrößert man das Feld. Bei gehobenen Ansprüchen sollten allerdings Knieschoner eingeplant werden, wenn man nicht gerade am Strand spielt. Das Band oder das Netz, mit dem die Feldhälften getrennt sind, ist normalerweise in einer Höhe von 1,85 m gespannt.

Spielvarianten

Indiaca-Tennis: Hier wird die Indiaca mit Schlägern statt mit der flachen Hand gespielt. Geeignet sind Beach-Ball-Schläger, man kann aber auch komplett eine Indiaca mit zwei Spezial-Schlägern ab DM 20,- kaufen. Das Netz sollte zwischen 90 und 180 cm hoch sein. Aufgeschlagen wird auch hier von hinter der Grundlinie.

Sitz-Indiaca: Im Sitzen und ohne Netz (zu zweit oder in einem Kreis mit mehreren), ist das eine recht bauchmuskelfördernde Spielvariante.

Coole Spielideen

Kanupolo

Die allermeisten Kanuten holen ihr Boot fast ausschließlich für seltene Wanderfahrten raus. Andere jagen mit ihrem Kajak (nein, Kanupolo spielt man nicht im Kanu) einer flitschigen Plastikpocke hinterher. Das ist nicht nur gut für die schlappe Oberkörpermuskulatur, sondern ist die genialste Art einen heißen, trockenen Sommertag zu beenden. Die nötige Kraft und Technik kommt schon, wenn der Schritt aufs Wasser erstmal gewagt wurde.

Foto: Klaus Liebmann

Spielvarianten

Kanubasket: Hier wird anstelle des Tores ein Ring - z.B. einer dieser gängigen Rettungsringe - auf das Wasser gelegt. Kein Kajak darf dem Ring näher als 5 m kommen, außer natürlich um nach einem mißglückten Torwurf den Ball aus dieser 5 m-Zone zu holen. Abgeleitet von der Körperlosigkeit des Basketball-Spiels gilt auch hier, daß keine Zweikämpfe gesucht werden dürfen, in denen die Boote direkt aneinander geraten. Gelegentliches Touchieren wird sich nicht immer vermeiden lassen.

Kaj-Ball: Die Teams bestehen hier aus zwei Feldspielern und einem Torwart. Das Feld ist 20-30 m x 40-50 m groß. Die Feldspieler dürfen nicht in die gegnerische Hälfte paddeln. Ein Team darf dreimal den Ball passen und muß innerhalb von 30 Sekunden auf das gegnerische Tor werfen. Die 30 Sekunden laufen, sobald der eigene Torwart den gegnerischen Wurf abgewehrt hat. Kaj-Ball kann auch ohne Torwart, aber dann mit entsprechend kleineren Toren gespielt werden.

Spielidee

Das Spielfeld ist 20-22 m x 30-35 m groß. Alle Spieler müssen die ganze Spielfeldlänge immer wieder - und oft im Sprint - abfahren, da das 5-köpfige Team (mit 3 Auswechselspielern) in der Regel Angriffs- und Abwehraufgaben gemeinsam übernimmt! Der ballführende Spieler darf mit dem Boot angegriffen und mit einem Schulterstoß mit der flachen Hand gekentert werden. Die Unterkante des 1,5 m breiten und 1 m hohen Tores hängt 2 m über der Wasseroberfläche. Jeder Spieler kann das Tor verteidigen. Der Ball (350-450 g) darf gefangen, geworfen und mit dem Paddel gespielt, aber nicht länger als 5 Sekunden gehalten werden. Verboten ist auch, sich den Ball in den Schoß zu legen und loszupaddeln. Schläge und andere Fouls werden mit einem Penalty (Wurf aus 6 m auf das leere Tor) geahndet. Ein wildes Herumgefuchtel mit dem Paddel sollte vermieden werden, da die Verletzungsgefahr wirklich sehr groß ist.

Adresse

Deutscher Kanu-Verband
Kanupolo: Joachim Schwarzrock
Kunigundastr. 10
45131 Essen
Tel. und Fax: 02 01 - 72 19 11

Kegeln & Bowling

"Papa geht Dienstags immer Kegeln."
Und wenn Papa das macht, kann das
ja wohl nur ein ganz uncooler Sport
sein. Andererseits amüsieren sich
Al Bundy und Fred Feuerstein beim Bowlen
so königlich, daß da wiederum was dran
sein muß. Beide Sportarten sind natürlich ganz eng verwandt und haben histo-
risch gesehen die heute etwas überra-
schende Gemeinsamkeit, als besonders
verderbliches Glücksspiel von Staat und
Kirche geradezu unterdrückt worden zu
sein. Erfolglos, denn Volkes Lust, mit Kraft
und Präzision was umzuschmeißen, tobt sich
ungehemmter denn je auf Zigtausenden von
Bowling- und Kegelbahnen aus.

Kegeln

Die Unterschiede der vier verschiedenen Arten von
Kegelbahnen sind zwar nicht gering, aber für den
Gelegenheitskegler nicht so wichtig. Am weitesten ist
in Deutschland die sogenannte Scherenbahn verbrei-
tet. Bis zu dem ersten der 9 quadratisch aufgestellten
Kegel legt die Kugel 18 m zurück und überwindet einen Höhenunterschied von 10 cm. Auf den ersten
9,50 m ist die Bahn 35 cm breit, danach verbreitert sie
sich bis auf 1,25 m. Sehr wichtig für
das Lauf-Verhalten der Kugel ist
die Tatsache, daß die Scherenbahn gewölbt ist.
Kurz gesagt: Wird auf
den linken, äußeren
Kegel geworfen, muß
die Kugel rechts au-
ßen aufgesetzt wer-
den und umgekehrt.

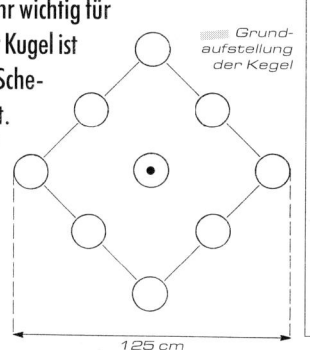

Grund-
aufstellung
der Kegel

125 cm

Kegeln: Spielvarianten

Es gibt natürlich viele Möglichkeiten, "alternativ" zu
kegeln: z.B. mit einem Fußball auf mit Wasser gefüllte 1,5 l Plastikflaschen oder mit einem Tennisball auf
1 m hohe Papprollen etc. Eine richtig schöne Kegel-
bahn mit satten 3 kg-Kugeln zu mieten, ist aber mit
DM 10,- – 15,- pro Stunde auch erschwinglich.

Hohe / Niedrige Hausnummer: Jeder Spieler hat drei
Würfe 'in die Vollen' (auf alle neun Kegel). Die Anzahl der gefallenen Kegel wird als Ziffer einer drei-
stelligen Zahl eingesetzt (Einer, Zehner, Hunderter).
Bei Hoher Hausnummer soll die Zahl so hoch wie möglich sein. Gelingt es, in einem Wurf 8 oder 9 Kegel
abzuräumen, wird damit die Hunderter-Stelle besetzt.
Bei Niedriger Hausnummer wäre so ein Wurf eine
Katastrophe: Die 9 käme an die letzte Stelle der Hausnummer (Einer). Ein Wurf in die Gasse (die Ablaufrin-
ne rechts und links von der Bahn) zählt hier 9, bei
Hoher Hausnummer dagegen 0.

Weitere Spielvarianten fürs Kegeln

Bilderkegeln: Die Grundidee hier ist so ähnlich wie beim 'Malen nach Zahlen': Eine bestimmte Figur wird in Felder eingeteilt, die eine Nummer erhalten. Diese Figur muß jetzt abgekegelt werden, z.B. um das Feld mit der Nummer 5 zu belegen, müssen in einem Wurf fünf Kegel - nicht mehr und nicht weniger - geschmissen werden. Schwierig wird es bei den extrem hohen und extrem niedrigen Zahlen. Die 1 ist eigentlich nur zu holen, indem man auf die "Bauern" (die beiden äußersten Eckkegel) geht.

Königskegeln: Der Kegel in der Mitte hat einen kleinen Noppen obendrauf: Er ist der König. Hier geht es darum, den König nicht umzuschmeißen, aber alle seine Vasallen um ihn rum. Dazu werden Teams mit 4-6 Spielern gebildet, die in einer bestimmten Reihenfolge kegeln.

Bowling

Der auffälligste Unterschied zum Kegeln ist, daß hier 10 Pins in einem gleichseitigen Dreieck statt 9 Kegel im Quadrat am Ende der Bahn stehen. Die Bowlingbahn ist genauso lang wie die Scherenbahn, steigt aber nicht an, ist nicht gewölbt und hat durchgehend die gleiche Breite (ca. 1 m). Prinzipiell kann der Anfänger leichter auf dieser Bahn einsteigen als auf der tückischen Scherenbahn.

Allerdings kostet diese Bahn ca. DM 40,- die Stunde. Die Bowling-Bälle haben nicht nur drei Löcher (für den Daumen, den Ringfinger und den Mittelfinger), die die Kegel-Kugeln nicht haben, sondern sie sind mit maximal 7,2 kg meist auch sehr viel schwerer. Gezielt wird beim Bowling, indem ein 2-5 m entfernter Punkt oder ein markierter Pfeil als Anspielpunkt auf der Bahn fixiert wird, anstatt direkt auf die Pins zu starren.

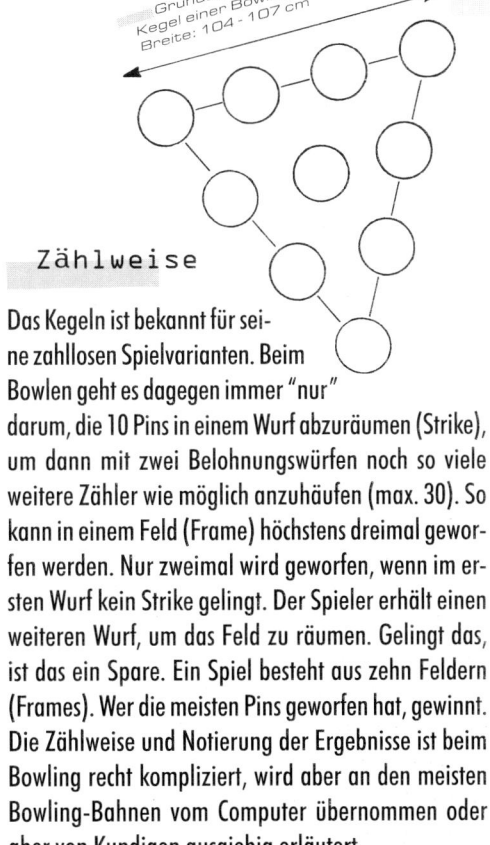

Grundaufstellung der Kegel einer Bowlingbahn
Breite: 104 - 107 cm

Zählweise

Das Kegeln ist bekannt für seine zahllosen Spielvarianten. Beim Bowlen geht es dagegen immer "nur" darum, die 10 Pins in einem Wurf abzuräumen (Strike), um dann mit zwei Belohnungswürfen noch so viele weitere Zähler wie möglich anzuhäufen (max. 30). So kann in einem Feld (Frame) höchstens dreimal geworfen werden. Nur zweimal wird geworfen, wenn im ersten Wurf kein Strike gelingt. Der Spieler erhält einen weiteren Wurf, um das Feld zu räumen. Gelingt das, ist das ein Spare. Ein Spiel besteht aus zehn Feldern (Frames). Wer die meisten Pins geworfen hat, gewinnt. Die Zählweise und Notierung der Ergebnisse ist beim Bowling recht kompliziert, wird aber an den meisten Bowling-Bahnen vom Computer übernommen oder aber von Kundigen ausgiebig erläutert.

Bowling: Spielvarianten

Shoot-Out: Statt immer nur abzuräumen, wird hier auf einzelne Pins oder Figuren von mehreren Pins geschossen. Es sollte eine bestimmte Reihenfolge von Zielen vorher festgelegt werden, die nacheinander abgebowlt werden müssen. Gewonnen hat das Team oder der Einzelspieler, dem dies mit den wenigsten Würfen gelingt.

Zonen-Bowl: Hier darf der Ball nicht an beliebiger Stelle aufgelegt werden. Der Bahnbeginn wird in drei gleichgroße Abschnitte eingeteilt. Die ersten drei Würfe erfolgen von ganz rechts. Darauf folgen drei Würfe, die mittig aufgelegt werden müssen. Die drei letzten Würfe kommen von ganz links. Gewonnen hat, wer die meisten Pins abgeräumt hat.

Adresse

Deutscher Keglerbund
Wilhelmsaue 23
10715 Berlin
Tel.: 030 - 87 31 29 99
Fax: 030 - 87 37 37 14

streetball und andere coole Spielideen

Korbball

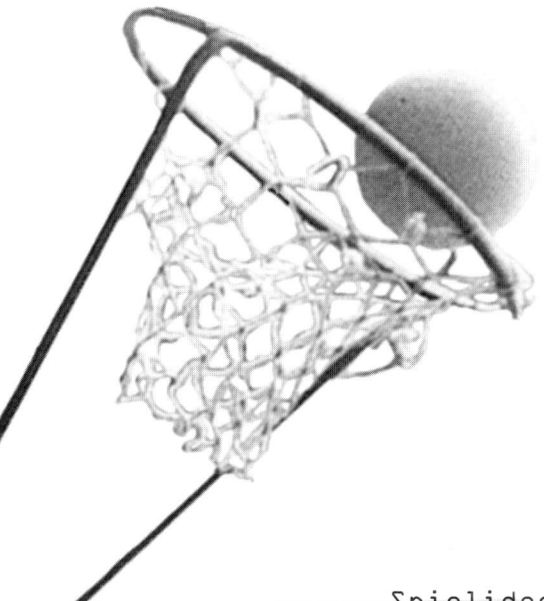

G eplant war Korbball als Sport nur für Frauen. Schon deswegen sollte Korfball (s. S. 60-61) auf keinen Fall mit Korbball in einen Topf geworfen werden. Zum Glück müssen wir uns nicht an alles halten, was die Planer so entwerfen: Bei uns spielen natürlich auch Männer Korbball! Korbball ist schnell und verlangt größere Wurf-genauigkeit als Basketball, da kein Brett das Ball-Ver-senken erleichtert.

Spielidee

Das Spielfeld mißt höchstens 25 m x 60 m. Zwei 7-köpfige Teams versuchen in zweimal 15 Minuten, so oft wie möglich den Ball in den gegnerischen Korb zu werfen. Beim Korbball ist das aktive Sperren des Ge-genspielers erlaubt. In dieser Hinsicht ist es also här-ter als Basketball. Allerdings ist es auch hier verboten, dem Gegenspieler in den Wurfarm zu greifen, den Ball aus der Hand zu schlagen oder ihn zu rempeln. Auch das Schubsen mit ausgestrecktem Arm ist natürlich ver-boten. Im Korbball wird der Ball nicht geprellt, also ein Dribbling mit Ball über das ganze Feld gibt's hier nicht. Der Ball darf mit allen Körperteilen außer den Füßen und Waden gespielt werden. Ein Spieler in Ball-besitz darf höchstens drei Schritte laufen und muß in-nerhalb von drei Sekunden den Ball weitergeben. Auch der Sternschritt aus dem Basketball ist hier nicht er-laubt. Steht der Spieler mit dem Ball, darf er einmal dribbeln. Er darf seinen eigenen Fehlpaß nicht wieder fangen, da es verboten ist, den Ball ein zweites Mal zu

Foto: Horst Müller

berühren, bevor ein Mitspieler den Ball oder der Ball den Korb berührt hat. Gespielt wird mit einem Hand-ball oder mit einem Fußball. Ein Team besteht aus 3 Stürmern, 3 Verteidigern und einem Korbhüter. Diese Spielerposition gibt es nur beim Korbball. Der Korb-hüter steht in dem 6 m durchmessenden Kreis, der um den Korb herum gezogen ist. Nur der Korbhüter darf diesen Kreis betreten. Seine Aufgabe ist also vor al-lem, Fehlwürfe der gegnerischen Angreifer abzufan-gen und dem eigenen Spielaufbau zuzuführen. Der Korbhüter darf den Ball länger halten und auch mehr als drei Schritte mit Ball machen.

Streetball und andere coole Spielideen

Spielfeld

Das Auffälligste an einem Korbball-Feld ist der Korb. Manche sagen, er müsse 7 m von der Mittellinie entfernt sein; andere betonen, er sollte 4 m vor der Grundlinie stehen. Groß ist der Unterschied nicht. Allerdings sollte zwischen Korbkreis und Grundlinie immerhin so viel Raum sein, daß das Spiel auch da weiter gehen kann. Der Korb ist mit 2,50 m etwas mehr als einen halben Meter niedriger als ein Basketball-Korb und mit einem Durchmesser von 55 cm auch ein wenig größer. Aber jetzt sollte nicht vorschnell geschlossen werden, im Korbball zu punkten sei Pipikram. Schon allein das Fehlen des Wurfbrettes erweist sich als durchaus ausgleichendes Handicap. Obendrein kommen die Spieler aber durch den Korbkreis gar nicht näher als 3 m an den Korb ran - also keine Dunks, keine Korbleger. Zu guter Letzt tanzt einem ja auch noch der Korbhüter vor der Nase herum. 4 m vor dem Korb befindet sich die Viermetermarke. Von hier werden die Strafwürfe ausgeführt, bei denen der Korbhüter mindestens 2 m entfernt sein muß. 4 m-Würfe werden verhängt, wenn der Korbwächter gegen die Regeln verstoßen hat, z.B. wenn er aus seinem Kreis heraus einem Angreifer den Ball aus der Hand schlägt. Auch wenn der Ball von einem Verteidiger in die Sicherheit des eigenen Korbraums gepaßt wird oder ein Verteidiger diese Zone betritt, gibt es für die Angreifer einen 4 m-Wurf.

Spielvarianten

Korf-Korb: Hier wird nur eine einzige Regel des Korfballs aufgenommen. Gespielt wird in einer Art Positionendeckung. Jede Spielposition hat einen festen Gegenspieler. Allerdings spielen dabei nur Männer direkt gegen Männer und Frauen direkt gegen Frauen. Manche haben beim Spielen festgestellt, daß das fairer ist.

Street-Korbball: Gespielt wird in 3–5er-Teams auf einen Korb. Um den Korb herum sind zwei Kreise gezogen. Der kleinere Kreis (Wurfkreis) hat einen Radius von 2,50 m. Kein Spieler darf diesen Kreis betreten. Der größere Kreis (Anspielkreis) hat einen Radius von 8 m. Nur aus der Zone zwischen beiden Kreisen dürfen Korbwürfe erfolgen. Der Gegner darf nicht berührt werden, sonst bleiben alle Korbballregeln bestehen. Wenn das verteidigende Team den Ball abfängt, muß es erst aus dem Anspielkreis heraus spielen, bevor es zum Korbwurf ansetzen darf. Betritt ein Angreifer den Wurfkreis oder dessen Begrenzung, führt das sofort zum Ballverlust des Teams. Die Verteidiger erhalten außerhalb des Anspielkreises den Ball. Fouls werden mit Strafwürfen von der Wurfkreislinie (Korbentfernung nur 2,50 m) geahndet.

Korb-Dribble: Wer die Einzelleistung gegenüber den hohen Ansprüchen an die Teamarbeit beim Korbball aufwerten will, kann das Dribbling des Basketballs einführen.

Adresse

Deutscher Turner-Bund
Otto-Fleck-Schneise 8
60528 Frankfurt
Tel.: 069 - 67 80 10
Fax: 069 - 67 80 179

Foto: Gerhard Beckmann

streetball und andere coole Spielideen

Korfball

Korfball ist genauso alt wie unser Jahrhundert. Da ist es schon extrem bemerkenswert, daß seine Grundidee die Gleichberechtigung von Mann und Frau ist. Bei unseren etwas weltofferneren Nachbarn in den niederen Landen ist Korfball bezeichnenderweise ein Volkssport. In Deutschland bringt es dieser für Dumpfbacken ungeeignete Sport nicht mal auf 5000 Aktive. Aber das sollte nicht so bleiben, denn Korfball ist keineswegs ein elitärer Zeitvertreib, obwohl es ganz anders als all die anderen Ballspielchen ist: Es ist schneller, vielseitiger und verlangt über bloßes Powern hinaus Ballgefühl und Köpfchen.

Spielfeld

In der Halle mißt das Spielfeld 20 m x 40 m, draußen ist es mit 30 m x 60 m eine ganze Ecke größer. Das Feld ist in zwei Hälften geteilt, die Fächer heißen. Jedes Team stellt in ein Fach zwei Männer und zwei Frauen. Diese nehmen nur Verteidigungs- bzw. nur Angriffsaufgaben wahr, d.h. sie dürfen ihr Fach nicht verlassen! Der Korf ist ein zylindrischer Korb (25 cm hoch) mit einem Durchmesser von 39-41 cm. Er hängt bei 3,50 m und hat kein Brett. Auf dem kleineren Indoor-Feld steht er 6,67 m, beim Open air-Spiel 10 m vor der Grundlinie.

Spielidee

Ein Team besteht aus 4 Frauen und 4 Männern, die gleichberechtigt die Spielpositionen übernehmen. Jeder Spieler - wir meinen damit weibliche und männliche Spieler - hat einen festen Gegenspieler des gleichen Geschlechts. Direkt spielen also nur Frauen gegen Frauen und Männer gegen Männer. Gepunktet wird, indem der Spielball (meist wird ein Fußball benutzt) von oben durch den Korf geworfen wird.

Streetball und andere coole Spielideen

Spielverlauf

Korfball soll ohne harten Körpereinsatz gespielt werden. Direkte Eingriffe wie Festhalten, Rempeln oder Sperren sind verboten. Aber auch den Ball aus den Händen des Gegners zu reißen ist nicht angesagt. Angeworfen wird zu Beginn jeder Halbzeit und nach jedem Korberfolg am Mittelpunkt von einem Spieler des Angriffsfachs. Der Ball darf geschnappt, gehalten und geworfen werden. Die Spieler dürfen aber nicht mit dem Ball dribbeln oder laufen. Die Verteidiger dürfen versuchen, dem ballbesitzenden Spieler das Werfen des Balles in die gewünschte Richtung zu erschweren, dürfen ihn aber dabei nicht berühren oder nach dem Ball schlagen. Steht ein Verteidiger so zwischen dem Angreifer und dem Korb, daß er den Ball mit ausgestrecktem Arm, ohne sich vorzubeugen, berühren könnte, darf der Angreifer nicht auf den Korb werfen. Sind zwei Körbe erzielt worden, tauscht jedes Team die Spieler des Angriffs- und Verteidigungsfachs aus. Gespielt wird zweimal 30 Minuten.

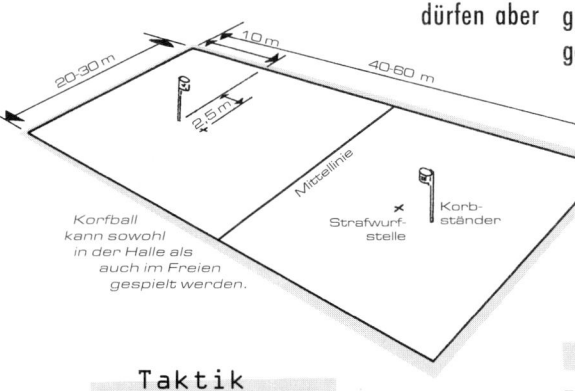

Korfball kann sowohl in der Halle als auch im Freien gespielt werden.

Taktik

Beim Korfball herrscht ein Zustand permanenter Einzelpositionendeckung. Hier ist kein Platz für "Ego-Trips". Für jeden Punkt müssen alle gemeinsam ackern. In dem Fach, wo gerade ein Spielzug im Gange ist, müssen alle Spieler dauernd in Bewegung sein, entweder (Angreifer) um sich frei zu laufen oder (Verteidiger) um Deckungsaufgaben zu übernehmen.

Strafen

Fouls oder andere Regelwidrigkeiten, die nicht einen Korbwurf verhindert haben, werden nur mit einem Freiwurf geahndet. Der wird gleich an Ort und Stelle ausgeführt. Wurde ein Regelverstoß begangen, um einen Korbwurf zu verhindern, wird das mit einem Strafwurf bestraft. Der Strafwurf wird 2,50 m vor dem Korb ausgeführt. Kein anderer Spieler darf dabei in der 2,50 m-Zone um den Abwurf und den Korb herum stehen.

Spielvarianten

Korf-Frisbee: Das Interessante dieser Variante ist nicht nur, daß man den Ball durch das Frisbee ersetzt, sondern daß man hier nicht auf den in Deutschland recht selten anzutreffenden Korf spielt. Stattdessen spielt man auf Behältnisse wie ordinäre Papierkörbe. Der Strafwurf findet aus einer Entfernung von 2 m statt.

One-Way: Nicht alle Tage lassen sich 8 Männer und 8 Frauen finden. Kommen nur 2 oder 4 Vertreter jeden Geschlechts, kann man Korfball auch auf nur einen Korf spielen. Natürlich fällt dann die Spielfeldunterteilung in Angriffs- und Verteidigungsfach weg. Sollte sich herausstellen, daß jetzt das nötige Laufpensum für jeden einzelnen Spieler zu groß ist, können die Regeln diesem Umstand angepaßt werden: Zunächst können jedem Spieler drei Schritte mit Ball erlaubt werden. Das erhöht die Flexibilität des ballbesitzenden Spielers schon erheblich. Sollte das nicht ausreichen, kann grundsätzlich das Dribbling in das Spielgeschehen aufgenommen werden.

Lawn-Korf: Die Regeln des Korfball eignen sich durchaus für ein nettes Spielchen an lauen Sommerabenden, während sich die Grills aufheizen. Das Spielfeld kann der entspannten Atmosphäre gemäß verkleinert werden. Die allzu hohen Korfs können in diesem Sinne durch irgendwelche kreisförmigen Markierungen zu ebener Erde ersetzt werden.

Adresse

Deutscher Turner-Bund (DTB)
Wolfgang Gebauer
Bookenweg 43
44577 Castrop-Rauxel
Tel.: 0 23 05 - 277 38

Krocket

Krocket ist nun beim besten Willen kein schweißtreibender Sport, aber "The Queen of Games", meinen die Briten. Lässige Eleganz und würdevolles Auftreten auf gepflegtem Rasen sind geboten, ruhig verspielt man so die Sommernachmittage. Aber das kühle Klacken der mit den unhandlichen Schlägern angetriebenen Kugeln wird doch immer mal wieder von lautem Fluchen übertönt. Denn wie jedes Geschicklichkeitsspiel hat auch Krocket seine Tücken, und außerdem sehen die Regeln ganz unbritische Fiesheiten vor ...

Spielidee und Zählweise

Mit einem hammerförmigen Holzschläger muß jeder Spieler zwei Bälle durch einen Parcours von 7 Toren (15 cm breit, 30 cm hoch) nach einer vorgeschriebenen Reihenfolge hin und zurück treiben. Für das Durchspielen eines Tores gibt es 1 Punkt. Am Anfangs- bzw. Endpunkt des Parcours' sowie an dessen Wendepunkt steht je ein kleiner Zielpfahl (peg). Der Hinweg wird mit dem Anspielen des Wendepfahls beendet. Der gesamte Parcours ist erst mit dem Anspielen des Endpfahls mit beiden Kugeln abgeschlossen. Nur die Pfahlberührung des Endpfahls gibt pro Ball einen Punkt. Ein mit beiden Kugeln vollständig durchlaufener Kurs bringt also 30 Punkte. Gezählt wird aber nur die Differenz zum Gegner. 30 Punkte werden also nur vergeben, wenn eine Partei kein einziges Tor durchspielt hat. Meist werden drei Durchgänge gespielt und die Punkte addiert. Ein Spieler kann also ein Match gewinnen, auch wenn er nur einen von drei Durchgängen gewonnen hat, vorausgesetzt der Vorsprung dieses einen Sieges war größer als die Summe der gegnerischen Vosprünge aus den beiden anderen Durchgängen.

Spielverlauf und Taktik

Der erste Spieler kann darauf spekulieren, sofort einen großen Vorsprung durch eine Serie herauszuspielen. Denn mit dem Durchspielen eines Tores erhält man einen Freischlag; werden zwei Tore mit zwei Schlägen durchspielt, gibt es zwei Freischläge. Viele Profis zielen aber nicht auf das erste Tor, wenn sie das Spiel eröffnen. Stattdessen schlagen sie ihre erste Kugel seitwärts weg. Warum? Weil sie vermeiden wollen, ihren Ball dem nachfolgenden Spieler vor die Nase zu legen. Wenn der ihn mit seiner Kugel trifft, darf er sie "krockieren". Dazu legt er seine Kugel an die angespielte Kugel heran und schlägt so feste wie er es für richtig hält vor die eigene Kugel. Beide Kugeln rollen weg, aber die gegnerische fast dreimal so weit. Beim Krockieren den Fuß auf die eigene Kugel zu stellen, damit sie gar nicht wegrollt, verstößt gegen die offiziellen Regeln, auch wenn es bei Hobby-Spielern weitverbreitet ist. Nach dem Krockieren der gegnerischen Kugel hat der Spieler noch einen Freischlag. Es ist verlockend, jede gut plazierte Kugel eines Gegenspielers anzuspielen und anschließend ins Unterholz zu krockieren. Mit der Logik kriegführender Parteien wird der Gegenspieler Gleiches mit Gleichem vergelten. Das aus solcher Taktik resultierende Spiel sollte eher 'Vendetta' heißen als Krocket, denn auf diese Weise wird kein Spieler jemals den Parcours beenden. Ohne konstruktives Spiel wird kein Spiel gewonnen. 'Konstruktiv spielen' heißt beim Krocket, seine Kugeln mittel- und langfristig zu planen und nicht mit jedem einzelnen Schlag einen Torschuß zu versuchen. Es müssen einige punktlose Schläge investiert werden, um schließlich beide Kugeln in eine Konstellation zu bringen, die es ermöglicht, mehrere Tore hintereinander zu durchspielen (break). Wenn nebenbei noch gegnerische Kugeln entfernt werden können, umso besser.

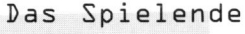

Spielfeld und Ausrüstung

Das offizielle Spielfeld mißt 22,86 m x 12,19 m. Die Schläger sind 70-100 cm lang und haben einen 15-25 cm langen zylindrischen Kopf aus Holz mit einem Durchmesser zwischen 7 und 8 cm. Eigentlich sollten auch die Spielkugeln aus Holz sein, aber erschwinglich sind heute nur noch Plastikkugeln. Richtige Krocketkugeln sollten 400 g wiegen und einen Durchmesser von 7,5 cm haben. Komplette Sets mit 4 Schlägern, 4 Plastikkugeln, Drahttoren und Pegs sind ab DM 70,- zu haben. Einige Mark mehr zu investieren lohnt sich aber doch.

Das Spielende

Treibt ein Spieler beide Kugeln durch die letzten Tore, ist er gut beraten, das Spielende vorzubereiten. Dabei ist möglichst dem Gegner keine Gelegenheit mehr zu bieten, die eigenen Kugeln zu krockieren. Außerdem sollten beide Kugeln idealerweise gleichzeitig am Endpfahl ankommen, sodaß in einem Zug das Spiel beendet werden kann.

3 Möglichkeiten, einen Parcour zu stecken

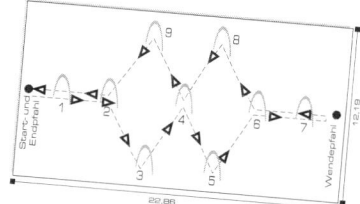

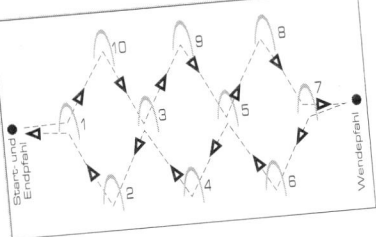

Spielvariante

Ménage à Trois: Jeder Spieler hat drei Kugeln. Eine Kugel muß nun immer durch die beiden anderen hindurch gespielt werden. Dabei muß eine Distanz von 50-100 m überwunden werden, an deren Ende eine der Kugeln einen Zielpfahl berühren muß.

Adresse

Crocket Association
c/o Hurlingham Club
Ramelagh Garden
London SW6 3PR
Großbritannien

coole Spielideen

Lacrosse

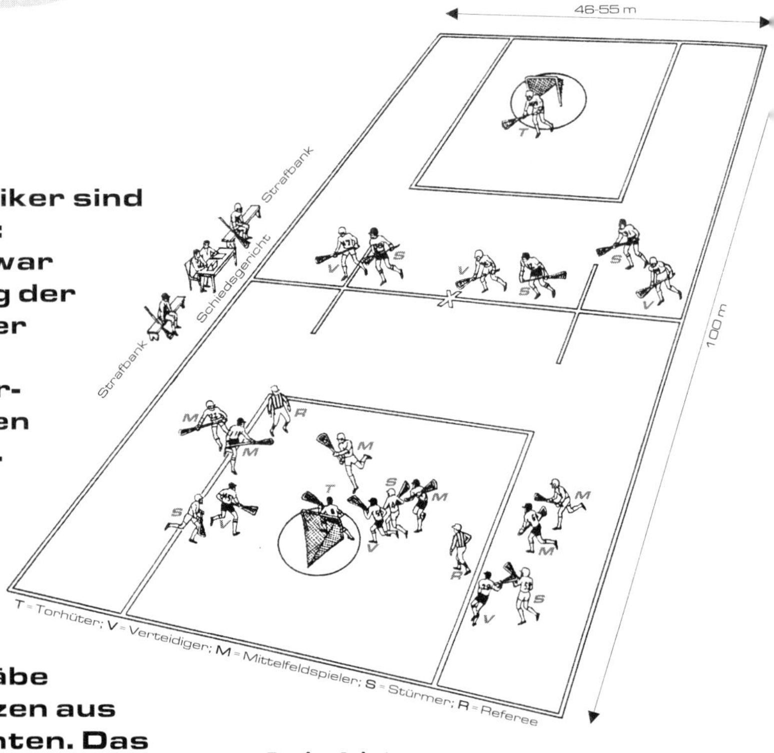

46-55 m

100 m

T = Torhüter; V = Verteidiger; M = Mittelfeldspieler; S = Stürmer; R = Referee

Strafbank · Schiedsgericht · Strafbank

Die Historiker sind sich einig: Lacrosse war jahrhundertelang der Sport der Indianer Nord-Amerikas, lange bevor die ersten europäischen Siedler ankamen. Die Algonkin und die Irokesen waren wohl die ersten Stämme, die dem Sport mit den über Hickory-Stäbe gespannten Netzen aus Katzendarm frönten. Das inzwischen zum boomenden High-School- und Uni-Sport gewandelte Spiel ist technisch anspruchsvoll, sehr schnell und hart. Dabei hat Lacrosse aber auch Regeln, die mehr Aufmerksamkeit verlangen als die Abseitsregel beim Fußball: Also bei aller Härte ist hier schon mehr vonnöten als tumbes Keulen.

Spielidee

Heutzutage spielen zwei Teams mit jeweils 9 Feldspielern und einem Torwart auf einem 46-55 m x 100 m großen Feld. Der auffälligste Unterschied zu anderen Feldsportarten ist die Position der Tore. Sie stehen nicht auf der Grundlinie, sondern 13 m davor mittig im Feld. Das Spielgeschehen geht zwar um das Tor herum, aber Tore können nur von vorne erzielt werden. Mit einem Radius von 2,74 m ist der Torraum kreisförmig um das Tor gezogen. Er darf von den gegnerischen Stürmern nicht betreten werden. Ein Franzose benannte das Spiel nach dem wirklich einmaligen Schläger oder Stock: La Crosse. Bis auf den heutigen Tag werden die allermeisten Lacrosse-Stöcke von Indianern aus dem Holz des Hickory-Baumes gefertigt. Sie sind am Ende fast zur Schlaufe gebogen und werden mit einem nur leicht beutelartigen Netz aus Leder- oder Naturdarmstreifen versehen. Der kleine, ca. 150 g schwere Ball wird mit diesem Stock gefangen, getragen und geschleudert. Er darf außer von den Torwarten nicht mit den Händen gespielt werden. Der Ball darf zwar mit den Füßen geschossen werden, aber nur, um ihn sich selbst vorzulegen, nicht aber, um zu passen oder auf das Tor zu schießen. Nur mit dem Lacrosse-Stock darf der Ball vom Boden aufgenommen werden, nicht mit den Händen. Die Feldspieler eines Teams teilen sich in drei Stürmer, drei Mittelfeldspieler und drei Verteidiger. Aus dieser Teamaufteilung ergibt sich folgende "Abseits"-Regel: Zu jeder Zeit müssen sich mindestens vier Spieler (einschließlich des Torwarts) in der eigenen Spielhälfte und mindestens drei Spieler in der gegnerischen Spielhälfte aufhalten. Wenn z.B. bei einem Konter ein Spieler zuwenig in der gegnerischen Hälfte zu-

rückbleibt, wird das als technisches Foul geahndet. Das Gleiche gilt für den Fall, daß bei einem Angriff zu viele Spieler aus der eigenen Hälfte herausstürmen. Das Abseits des ballbesitzenden Teams wird mit dem Verlust des Balls bestraft. Begeht das verteidigende Team einen Abseitsfehler, wird der "schuldige" Spieler 30 Sekunden vom Platz gestellt.

So ungewöhnlich sieht ein Lacross-Tor aus.

Spielbeginn und Fouls

Etwas ganz besonderes ist die Eröffnung des Spiels zu Beginn der 15-minütigen Viertel. Oft sind auf das Feld zusätzlich zur Mittellinie Drittel-Markierungen aufgetragen. Die Stürmer und Verteidiger müssen sich in den äußeren Dritteln aufhalten, die 6 Mittelfeldspieler befinden sich im mittleren Drittel um den Mittelkreis herum (9 m-Radius). Es gibt hier keinen ordinären Anstoß oder Schiedsrichterball, sondern den sogenannten "Face-off". Zwei Spieler legen ihre Lacrosse-Stöcke parallel nebeneinander auf den Boden. Der Ball liegt auf dem Mittelpunkt. Wenn der Schiedsrichter anpfeift, versuchen beide Spieler, den Ball in ihren Besitz zu bringen und zu einem Mitspieler zu passen. Dabei wird heftig gerungen, aber nicht wild um sich geschlagen. Wie gesagt, es geht gut zur Sache beim Lacrosse. Der harte Körpereinsatz ist massiv gefordert. Festhalten, Zerren

Eine Spielsituation

und Bodychecks sind ausdrücklich erlaubt. Getackelt wie beim American Football wird aber nicht. Es darf sogar mit dem Stock auf den Stock des Gegenspielers eingeschlagen werden, damit der Ball aus dessen Netz herausfällt. Es ist aber nicht erlaubt, den Gegenspieler zu treten, zu schlagen oder mit dem Stock zu malträtieren. Fouls werden mit Zeitstrafen von 1-3 Minuten geahndet.

coole Spielideen

Lacrosse

Geschichte

"Nur wer sich ändert, bleibt sich treu." Lacrosse hat sich glücklicherweise stark entwickelt, seit jener Zeit, als die ersten Pilger und Siedler Spielberichte zu den Lokalderbys benachbarter Indianer-Stämme niederschrieben. Damals spielten etwa 100 Spieler in jedem Team. Die Spielfelder maßen unglaubliche 500 m x 600 m. Der Sport war damals derart hart, daß regelmäßig Spieler als Invaliden oder gar als Tote vom Feld getragen wurden. Einerseits waren die mit großem Aufwand inszenierten, bis zu drei Tage andauernden Spiele eine Art Wehrertüchtigung für die jungen Krieger, andererseits waren sie Anlaß für gewaltige Wetten, in denen Dörfer ihre gesamte Habe verzockten. Allerdings gibt es bis heute heilige Spiele, die zur Heilung Schwerkranker beitragen sollen, die zu diesem Zweck auf Tragen an den Spielfeldrand gebracht werden. Die Indianer nannten das Spiel übrigens Baggataway oder einfach das Ballspiel.

Spielvarianten

Intercrosse: Mit viel Geduld kann auch in Deutschland eine Lacrosse-Ausrüstung gekauft werden. Dazu gehörten neben dem sehr schönen Stock ein massiver vergitterter Helm, dick gepolsterte Handschuhe sowie Schulter- und Brustschutz. Da aber nicht gleich die reine Spielweise mit echter Ausstattung betrieben werden muß, kann gut auf das Angebot einiger Sporthersteller zurückgegriffen werden: Ein Set mit 12 Sticks (leider aus Plastik) und 6 Bällen kostet DM 250,- – 300,-. 2er-Sets gibt es schon für ca. DM 40,-. Mit diesen einfachen Sticks kann die Spielidee des Lacrosse schon recht gut nachempfunden werden. Zu den Intercrosse-Regeln gehört neben einem kleineren Spielfeld vor allem die Körperlosigkeit, mit der die Härte ganz aus dem Spiel genommen wird.

Crosse-Volley: Hier wird tendenziell nach Volleyball-Regeln gespielt. Allerdings spielen in jedem Team möglichst 8 Spieler auf einem 40 m x 80 m großen Feld. Das Netz oder eine Leine wird in 3-3,50 m Höhe gespannt. Bis 2 m hinter dem Netz erstreckt sich eine "tote Zone", in der kein Spieler stehen darf. Jedes Team hat vor dem Zurückspielen des Balles 4-6 Ballberührungen, da müßt Ihr Euch einigen. Der Ball darf nicht den Boden berühren. Hat ein Spieler den Ball mit seinem Stick gefangen, darf er ihn 3 Schritte weit tragen. Insgesamt darf ein Spieler aber nicht länger als 5 Sekunden in Ballbesitz sein.

Circle-Crosse: Die Spieler stehen in einem großzügigen Kreis. Zwischen den Spielern sollte ein Abstand von mindestens 5 m bestehen. Die Spieler sammeln einzeln Punkte: Ein Spieler schleudert den Ball zu einem anderen Spieler, also nicht über den Kreis hinaus. Kommt der Ball präzise an (in 2 m-Umkreis um einen Fänger), erhält der Werfer schon mal 1 Punkt. Der Fänger muß den Ball sofort zu dem Spieler rechts des ersten Werfers zurückwerfen, auch er erhält für einen genauen Wurf einen Punkt.

Obendrein läuft aber jeder Werfer nach dem Abwurf außen um den Kreis, bis sein Wurf erfolgreich retourniert worden ist. Die Anzahl der Spieler, an denen er vorbeilaufen konnte, verbucht er sich als Punkt. Ein Spiel dauert so lange, bis ein Spieler seine Ausgangsposition wieder erreicht hat. Voraussetzung für Circle-Crosse ist, daß jeder ehrlich seine Punkte zählt. Das sollte ja wohl möglich sein!

Adresse

Deutscher Lacrosse und Intercrosse Verband
Im CVJM Haus, Wilfried E. Mach
Grütstr. 11, 40878 Ratingen
Tel.: 0 21 02 - 84 70 70
Fax: 0 21 02 - 84 70 92

Streetball und andere Coole Spielideen

Pétanque

E eeet voilà: Die Sonne brennt, und wir wollen jetzt in aller Ruhe ein bißchen spielen und reden. Pétanque kommt aus Südfrankreich, aus der Provence. Wer sich keine Zeit lassen kann, braucht die Kugel gar nicht erst aufzuheben. Ohne Power-hier und Mega-da: Pétanque ist das ideale Spiel, um einfach mal wieder zu sich zu kommen.

Spielidee

Eine Stahlkugel wird möglichst nahe an eine kleine Zielkugel herangeworfen. Im Unterschied zu Boccia ist Pétanque nicht an eine feste Bahn gebunden. Will man sich nun unbedingt eine Spielfeldbegrenzung geben, dann mindestens 4 m x 15 m. Das Spiel entfaltet seine ganze Vielfalt aber erst, wenn man es nicht in ein Korsett einer "Bundeskegelbahn" zwängt. Also, ohne jede Beschränkung raus ins Gelände mit den Kugeln: Den Spielgrund "lesen" zu können, gehört zum Spiel.

Spielverlauf

Pétanque kann Eins gegen Eins (tête-à-tête), in 2er- (doublettes) und 3er-Teams (triplettes) gespielt werden. Spielen 3er-Teams, hat jeder Spieler zwei Spielkugeln, ansonsten immer drei. Es wird ausgelost, welches Team anfängt. Dieses Team markiert einen Kreis mit einem Durchmesser von ca. 35-50 cm. Der Abwurf erfolgt im Gegensatz zu anderen verwandten französischen Spielen nicht mit Anlauf, sondern mit beiden Füßen in dem Kreis, nah beieinander (pieds tanqués, daher Pétanque). Das gleiche Team wirft nun aus dem Kreis zunächst die kleine Zielkugel (kiki, la cochonnet, but, le petit ...) mindestens 6 m, höchstens 10 m weit. Dann - nach ruhigem "Lesen" des Grundes - auch die erste Spielkugel. Nun wirft immer das Team, dessen beste Kugel schlechter liegt als die beste Kugel der anderen. Gezählt werden alle Kugeln des bestplazierten Teams, die besser liegen als die beste Kugel des zweitbesten Teams. Ein Spiel geht bis 13.

Der Wurf

Entweder man versucht, seine Kugel zu plazieren (pointer) oder eine gut plazierte gegnerische Kugel wegzuspielen (tirer). Für beide Zwecke gilt der einen hohen Bogen beschreibende Wurf (la plombée) als anspruchsvollste Lösung. Trifft man so die gut plazierte Kugel des Gegenspielers, springt diese in hohem Bogen weg und die eigene Kugel nimmt ihren Platz ein (le carreau). Die im Bogen geworfene Kugel sitzt, rollt nicht mehr. So kann man sicher seine Kugel ans Ziel bringen. Eine Kugel muß 680-740 g wiegen und einen Durchmesser von 71-76 mm haben. Ein Dreier-Satz kostet ca. DM 110,- und hält 175 Jahre.

Adresse

Deutscher Pétanque Verband
Lothar Beckmann
Ignaz Bruder Straße 5
79183 Waldkirch
Tel.: 0 76 81 - 87 39

coole Spielideen

Radball

Grob gesprochen gibt es nur zwei Arten von Sportlern: Die einen brauchen den unmittelbaren Körperkontakt mit ihrem Mitspieler und pflügen am liebsten auch noch direkt durchs Erdreich (Homo ludens grobians). Die anderen wollen auch im Sport in erster Linie das menschliche Genie in der Beherrschung der Technik ausleben (Homo ludens technicus). Die Radball-Spieler zählen ganz sicher zu letzterer Spezies. Ihr Sport ist auch schnell und kraftvoll, vor allem aber ist er lustvolle Zähmung eines tückischen Stahlrappens.

Spielidee

In der offiziellen Version spielen zwei 2er-Teams gegeneinander. Die Spieler fahren und stehen (!) mit ihren Fahrrädern. Vereinssportler kommen natürlich nicht mit ihren Straßen- oder Mountain-Bikes aufs Spielfeld. Das wettkampfübliche Radball-Fahrrad hat keine Gangschaltung, sondern eine feste, sehr geringe Übersetzung (22:24) für den schnellen Antritt und größere Beweglichkeit auf dem Feld. Das Rad wiegt ca. 13 kg. Auffallend ist sein weit hinten angebrachter Sattel und sein Lenker. Ach, eine Bremse hat es übrigens nicht! Gespielt wird auf zwei Tore, die 2 m hoch und ebenso breit sind. Um die Tore ist ein halbkreisförmiger Strafraum gezogen (Radius 2 m). Innerhalb des Strafraums dürfen sich immer höchstens 1 Stümer und 1 Verteidiger aufhalten. Das Spielfeld mißt heutzutage im allgemeinen 11 m x 14 m (mindestens aber 9 m x 12 m, höchstens 12 m x 15 m). Meist wird in der Halle gespielt. Angesichts fehlender Bremsen ist aber noch wichtig, daß über die Spielfeldbegrenzung hinaus ausreichend Platz (ca. 1 m) zum Ausfahren und Wenden bleibt. Der offizielle Spielball ist bei einem Gewicht von 500-600 g mit 16-18 cm Durchmesser relativ klein, mit Stoff bezogen und mit edlen Rehhaaren gefüllt. Er darf nur mit dem Rad und dem Körper gespielt werden. Dabei müssen die Hände am Lenker und die Füße auf den Pedalen sein. Innerhalb des Strafraums darf ein verteidigender Spieler allerdings mit den Händen den Ball abwehren. Steigt ein Fahrer - absichtlich oder unabsichtlich - von den Pedalen oder berührt sonst irgendwie den Boden, muß er erst hinter die eigene Torlinie fahren, bevor er wieder in das Spiel eingreifen darf.

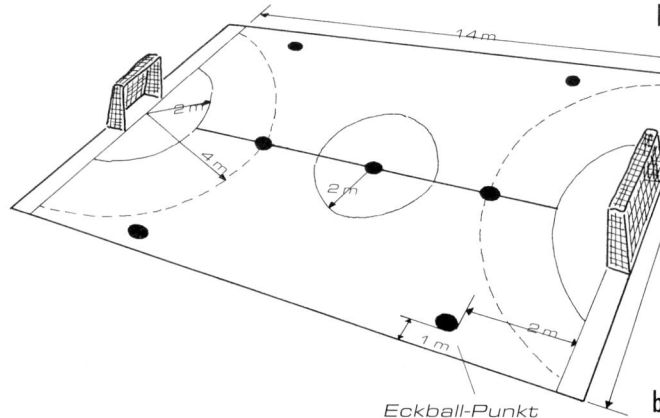

Eckball-Punkt

Spielvarianten

Es wird sich kaum jemand ein Radball-Fahrrad und einen mit Rehhaar gefütterten Stoffball anschaffen und sich mit drei Freunden eine Halle mieten. Also gehen wir bei den folgenden Varianten davon aus, daß mit normalen Fahrrädern an allgemein zugänglichen Orten gespielt wird.

Free and Easy: Hier sind die akrobatischen Anforderungen an die Spieler gegenüber der offiziellen Spielweise stark reduziert. Das Spielfeld (z.B. ein leerer Parkplatz) wird auf 20 m x 30 m vergrößert, das Tor nur mit zwei Pfosten in 2 m Abstand markiert. Ein Team besteht aus 6 Spielern, gespielt wird ohne festen Torwart, stattdessen gilt: Letzter Mann hält. Die Spieler dürfen mit den Füßen den Boden berühren. Wenn sie nicht angegriffen werden, können sie sogar den Ball aufnehmen und werfen. Der Ball darf im Fahren mit den Füßen gespielt werden. Tore dürfen nur im 4 m-Strafraum erzielt werden. Allerdings muß der Ball geschossen, geköpft oder mit dem Rad gespielt werden. Kein Spieler des angreifenden Teams darf dem Tor näher als 2 m kommen.

Radpolo: Um richtig Radpolo zu spielen, wird ein 0,7-1 m langer Polostock mit einem hammerartigen Ende gebraucht. Als Ball eignet sich ein Tennisball, mit dem so gut wie keine Verletzungsgefahr besteht. Ansonsten gelten die Spielfeldmaße und Regeln vom Radball. Die Team- und damit die Feldgröße kann natürlich variiert werden. Mit den Polostöcken kann der Ball zwar unnachahmlich durch das Feld gesemmelt werden, aber in der Not könnte auch mit einem Hockeyschläger gespielt werden.

Bike-Basket: Hier wird auf Basketballkörbe gespielt. Allerdings sollte durch die Rebound-Situation beim Basketball kein richtiges Punktspiel versucht werden, da die Spieler sich sonst in kürzester Zeit die Fahrräder in der Zone zu Klump fahren. Sinnvoll ist es, gemächlich über das Spielfeld zu kreisen, sich den Ball zuzupassen, möglichst ohne die Füße von den Pedalen zu nehmen und abwechselnd mit Rad zum Korbleger anzuradeln. Das allein wird schon so manchen vom Sattel hauen.

Etwa so sieht ein professionelles Radball-Rad aus.

Spielverlauf

Ein Radballspiel verläuft ähnlich einem Fußballspiel. Das Spiel beginnt mit dem Anstoß am Mittelpunkt. Wird der Ball ins Seitenaus gespielt, erfolgt vom anderen Team ein Seiteneinwurf. Fouls werden mit Frei- und Strafstößen geahndet. Letztere erfolgen vom Strafpunkt auf der gestrichelten 4 m-Linie. Als Foul gilt z.B. eine absichtlich herbeigeführte Karambolage mit einem Gegenspieler. Wird dabei ein Torschuß verhindert, gibt es dafür einen Strafstoß. Selbstverständlich ist auch das Schlagen und Festhalten eines Spielers verboten. Die Spielzeit beträgt 2 x 7 Minuten.

Adresse

Bund Deutscher Radfahrer
Herr Heßler
Otto-Fleck-Schneise 4, 60528 Frankfurt
Tel.: 0 69 - 9 67 80 00
Fax: 0 69 - 96 78 00 80

coole Spielideen

Ring-hockey

Im Gegensatz zu den Indianern Nordamerikas hat sich der Ring als Spielgerät bei uns nie recht durchgesetzt. Aber es kann ja nicht immer und immer nur mit Bällen gespielt werden. Damit die drohende Alleinherrschaft des Balles im Reich der Spiele sich nicht durchsetze, sollen auf den folgenden Seiten zwei Ringsportarten vorgestellt werden. Hier kommen vor allem diejenigen auf ihre Kosten, die Freude an feinfühligem Gefrickel in vollem Lauf haben.

Spielidee

Auch im Ringhockey wird mit zwei Teams (à 4-6 Spieler) auf zwei Tore gespielt. Die Tore sind ca. 1 m hoch und 2 m breit. Aber sie stehen nicht auf der Grundlinie, sondern 4 m davor. Das Spielfeld mißt ca. 15 m x 25 m. Anders als im Eishockey geht das Spiel nicht nur hinter dem Tor weiter, sondern es können auch von hinten Tore erzielt werden! Die Tore stehen in einem Torkreis (Radius: 2 m), den die Feldspieler nicht betreten dürfen. Der Ring wird mit einem ca. 1 m langen Stab angetrieben. Mit dem Stab kann der Ring auch geschlenzt werden bzw. ein geschlenzter Ring aus der Luft "gestochen" werden. Allerdings darf er nicht einfach mit dem Stab getragen werden. Der Ring darf nur mit dem Stab, nicht aber mit den Füßen oder Händen berührt werden. Wenn der Ring flach liegt und zahlreiche Spieler so an ihm rumstochern, daß er nicht ins Spiel zu bringen ist, wird an Ort und Stelle ein Bully gespielt: Zwei Spieler stehen sich leicht auf ihre Stöcke gestützt gegenüber und warten darauf, daß ein dritter Spieler oder ein Schiedsrichter den Ring zwischen sie wirft. Sie versuchen, ihn dann an einen Mitspieler weiterzuspielen.

Ausrüstung

Der Ring (häufig Ringtennisring genannt) besteht aus sogenanntem Moos- oder Schwammgummi, hat einen Außendurchmesser von 18-19 cm und wiegt 225 g (Preis: max. DM 20,-). Als Spielstäbe sind sehr gut die überall erhältlichen Gymnastikstäbe von 1 m Länge zu gebrauchen (Preis: DM 5,-).

Spielvarianten

Ring-Run: Hier wird zunächst ein Parcours auf relativ ebenem Untergrund abgesteckt (Asphalt, Gehwegplatten ...). Das kann ein Slalom-Kurs sein. Aber auch eine Hindernisstrecke über Bordsteinkanten und Wiesenabschnitte ist denkbar. Wer zuerst den Ring mit dem Stock durch den Parcours getrieben hat, ohne ihn mit Händen oder Füßen berührt zu haben, hat gewonnen.

Herr der Ringe: 8-10 Spieler bilden einen 20-30 m durchmessenden Kreis. Zwei Ringe sind im Spiel. Sie werden gleichzeitig von unterschiedlichen Spielern mit dem Stock zu beliebigen Mitspielern gespielt. Jeder mit dem Stock gefangene Ring bringt dem Fänger einen Punkt. Werden zufällig beide Ringe fast gleichzeitig auf einen Spieler geworfen und beide beide werden gefangen, gibt es dafür 5 Punkte. Wer zuerst 10 Punkte hat, ist der Herr der Ringe.

Adresse

Deutscher Turner-Bund
Otto-Fleck-Schneise 8
60528 Frankfurt
Tel.: 069 - 67 80 10
Fax: 069 - 6 78 01 79

coole Spielideen

Ringtennis

Hier also die zweite Ringsportart. Ein griffiger Gummiring wird kraftvoll geschleudert und nicht etwa mit einem Schläger beschleunigt wie uns der Name "Ringtennis" glauben machen könnte. Hier wird nicht gepennt! Rennen, springen und schnell zupacken und noch schneller zurückwerfen, so wird hier gepunktet.

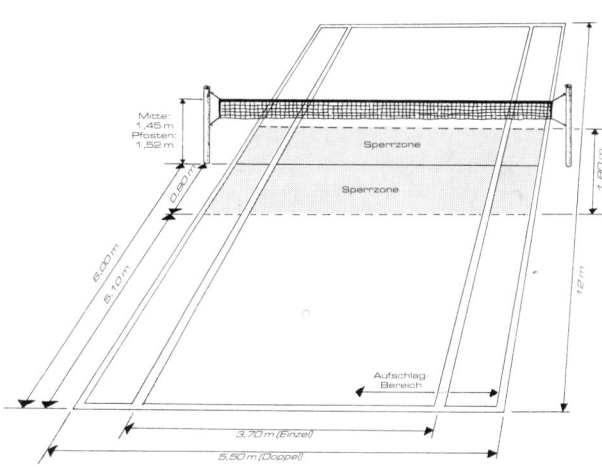

Spielidee

Als das Spiel 1927 erfunden wurde, war es für Einzel- und Doppelspiele gedacht. Auch das gemischte Doppel hatte der Erfinder H. Schneider (nein, nicht die singende Herrentorte) schon im Sinn. Gespielt wird hier, wie gesagt, endlich mal nicht mit einem Ball, sondern, um ganz genau zu sein, mit einem 3 cm dicken und 11,8 cm umfassenden Ring aus Gummi, der 225 g wiegen darf. Der wird nun nicht einfach hin und her gepaßt, so blöde ist das ja nicht. Zunächst mal darf der geworfene Ring nicht flattern oder sich gar überschlagen beim Wurf. Dieses kleine technische Problem wird zusätzlich durch die Regel verschärft, daß man den Ring innerhalb von 3 Sekunden wieder über das Netz zurückpassen muß.

Spielfeld

Das Spielfeld mißt für eine Einzelpartie 12 m x 3,70 m. Für ein Doppel werden auf jeder Seite noch mal 90 cm drangesetzt, sodaß das Feld jetzt 12 m x 5,50 m mißt. Um das eigentliche Spielfeld herum ist ein Auslauf von 3 m einzuplanen. Das Spielfeld wird geteilt von einem Netz in 1,52 m Höhe. Diese - verglichen beispielsweise mit dem Volleyballnetz (2,43 m) - relativ niedrige Netzhöhe erlaubt doch recht gepfefferte Würfe und zwingt die Spieler nicht zu langsameren Bogen-Würfen. Allerdings hat der Erfinder in weiser Voraussicht eine Sperrzone 90 cm vor und hinter dem Netz festgelegt, die man nicht betreten darf. Anwurfzone ist wie beim Volleyball hinter der rechten Ecke der Grundlinie.

Spielregeln

Es wird ausgelost, welches Team beginnt. Das Aufschlagsrecht zu besitzen, bedeutet im Ringtennis nicht viel, da immer das Team aufschlägt, das den letzten Punkt gemacht hat. Gepunktet werden kann immer, mit oder ohne Aufschlagsrecht (ähnlich dem Tie-Break - dem 5. Satz beim Volleyball). Der Aufschläger steht hinten rechts, außerhalb des Spielfeldes. Nach folgenden Fehlern erhält die andere Seite einen Punkt und das Aufschlagsrecht:

- der Ring flattert oder überschlägt sich im Flug;
- der Ring geht ins Aus oder in den Sperraum;
- der Ring berührt den Boden, bevor er zurückgespielt wird;
- der Ring wird mit beiden Händen gefangen;
- der Ring berührt das Netz;
- ein Spieler betritt den Sperraum oder berührt das Netz;
- der Ring wird länger als 3 Sekunden festgehalten;
- ein Wurf wird angetäuscht;
- der Ring wird nicht mit der Hand geworfen, mit der er gefangen wurde;
- der Werfer macht mehr als einen Schritt mit dem Ring in der Hand.

Gespielt wird auf Zeit: Es gewinnt im Einzel, wer nach 2 x 8 Minuten die meisten Punkte hat. Im Doppel werden 2 x 12 Minuten gespielt.

Spielvarianten

Ring-Volley: Hier spielen 4-6-köpfige Teams. Dazu wird natürlich das Spielfeld vergrößert auf 8-10 m x 15-20 m. Bei der größeren Anzahl von Spielern können in Anlehnung an Volleyball drei Ringberührungen vor dem Rückspiel zugelassen werden. Allerdings werden sich die Spieler eine eigene Ring-Volley-Taktik einfallen lassen müssen, denn mit "Pritschen", "Stellen" und "Schmettern" wie beim Volleyball kommen sie mit einem Gummiring nicht weit. Auch im Ring-Volley darf der Ring nicht länger als 3 Sekunden festgehalten werden.

Ring-Stick: Hier spielen erneut Teams mit jeweils 4-6 Spielern. Gespielt werden kann auch diese Variante überall. Das Spielfeld mißt 10 m x 20 m und hat kein Netz. Wie im Basketball darf der Ringträger zwei Schritte machen, aber hier entfällt natürlich das Dribbeln. Dafür müssen sich die Spieler mehr bewegen und sich immer anbieten, damit der Ringträger nicht mit dem Ring "verhungert", ohne ihn abspielen zu können. Als Ausgleich sollte man hier die Regel mit dem Flattern und Überschlagen des Ringes im Flug nicht so eng sehen oder ganz aufgeben. Mittig auf den beiden Grundlinien sollte ein Stab angebracht sein. Ziel des Spiels ist es, den Ring über den Stab zu werfen oder zu stecken. Ob Ihr dabei versucht, den Stab so hoch wie möglich anzubringen oder aber einen ganz kleinen Stab (0,5 m hoch) aufstellt, ist Euch überlassen. Beides führt zu einem ganz eigenen Spielverlauf. Ihr solltet Euch aber vorher einigen, welche Art des Körperkontakts um den Stab herum erlaubt ist. Denn daß es da Gerangel gibt, ist ja wohl klar.

Adresse

Deutscher Turner-Bund
Otto-Fleck-Schneise 8
60528 Frankfurt
Tel.: 069 - 67 80 10
Fax: 069 - 6 78 01 79

Streetball und andere Coole Spielideen

Rollhockey

Spielidee

Zwei Teams hauen so oft wie möglich den Ball in das Tor der anderen. Beide Teams haben einen Torwart und vier Feldspieler. Das Feld ist 20 m x 40 m groß. Das Tor (1,05 m hoch, 1,54 m breit) steht nicht auf der Grundlinie, sondern 2-3 m davor. Das Spiel verläuft dementsprechend auch hinter dem Tor. Der Ball darf zwar außer mit den Händen mit jedem Körperteil einschließlich der Rollschuhe gestoppt, aber nur mit dem Schläger gespielt, gepaßt oder geschossen werden. Außerdem darf er nicht über Brusthöhe gespielt werden. Die Ausnahme zu dieser Regel sind Abpraller von gegnerischen Schlägern, aber auch nur außerhalb des Strafraums (12,5 m breit, 5,5 m tief). Nur aus der gegnerischen Hälfte darf aufs Tor geschossen werden. Weitschüsse gibt es also nicht. Diese Regel sowie die Höhenbegrenzung für Pässe und Schüsse dienen der Sicherheit der Spieler, denn der Ball ist ein ähnlich gefährlich hartes Geschoß wie der Feldhockey-Ball. Fouls werden wie beim Fußball mit indirekten und direkten Freistößen sowie Strafstößen (Distanz: 5,60 m) geahndet. Bei indirekten Freistößen muß die verteidigende Mauer mindestens 2,73 m, bei direkten mindestens 4,50 m entfernt sein. Harte Fouls (Stockschläge, Festhalten, Tackling von hinten etc.) werden mit Zeitstrafen bis zu 5 Minuten geahndet. Die zweite Zeitstrafe ist automatisch ein Platzverweis für den Rest des Spiels.

Es geht ja nun mal nicht jeder gerne aufs Eis, aber deswegen muß noch lange nicht auf die Eleganz und das Tempo des Eishokkeyspiels verzichtet werden. Rollhockey ist die geniale Hockey-Variante, die unabhängig von Eishallen und winterlicher Witterung alle Vorzüge des Eishockey beinhaltet. Die technische Tücke des Rollhockey wird oft überschätzt. Schon nach wenigen lehrreichen Stürzen kann wackelig aber lustvoll in das Spielgeschehen eingegriffen werden.

Ausrüstung

Die Schläger werden an ihrem gebogenen Ende anders als im Feldhockey beidseitig gespielt. Sie sind ab DM 20,- zu haben. Die sehr angesagten In-Line Rollschuhe, bei denen die Rollen in Nachahmung der Schlittschuhkufe hintereinander angeordnet sind, kosten mindestens ca. DM 100,-.

Spielvarianten

Rollbretthockey: Diese Variante will nicht tierisch ernst genommen werden. Die Spieler knien auf einem schwer steuerbaren, ca. 40 cm x 30 cm großen Brett mit vier Schwenkrollen und beschleunigen den Ball mit einem 40 cm langen Mini-Schläger. Sich selbst bewegen die Spieler fort, indem sie sich mit den Händen vom Boden abstoßen. Auch dafür bieten Hersteller sogar Sets mit 12 Brettern, Mini-Schlägern und Bällen für ca. DM 900,- an.

Torwand-Roller: Auf eine Wand werden zwei Kreise aufgezeichnet, in den Abmessungen der Löcher einer Fußball-Torwand. 5 m davor wird ein Tennisball auf den Abschlag gelegt. Von einem beliebigen Punkt, der 10 m vom Abschlag entfernt sein muß, nehmen die Spieler Anlauf und schlagen aus dem Lauf drei Schläge auf das obere Loch, drei auf das untere.

Adresse

Deutscher Rollsport-Bund
Thomas-Mann-Str. 6c
60439 Frankfurt
Tel.: 0 69 - 58 10 84
Fax: 0 69 - 57 25 07

Rugby

Vor mehr als 170 Jahren wurde dieser "Schulsport" in England zum ersten Mal gespielt. Eine mit Lumpen gefüllte, immer eher eirige als runde Schweineblase wurde mit Hand und Fuß übers Feld hinter der Schule getrieben. Dann kam König Fußball ... Das ältere, rauhere Spiel hat nicht nur überlebt, sondern füllt in Australien, Frankreich und auf den britischen Inseln immer noch die großen Stadien und blickt auch in Deutschland auf eine 120-jährige Tradition zurück. Kraft, Schnelligkeit und Spielwitz verlangt dieser erdige Sport den Spielern ab. Wer den massiven Körpereinsatz schätzt, der wird im Rugby seine Erfüllung finden.

Spielfeld-Diagramm mit Beschriftungen: Malfeld-Seitenauslinie, Seitenauslinie, Seitenaus, Malfeld, Mallinie, 22-m-Linie, 10-m-Linie, Mittellinie, 10-m-Linie, 22-m-Linie, Mallinie, Malfeld, Malstangen, Malfeld Auslinie, max. 22, max. 100, 22, 10, 15, 5,6, min. 3,5, max. 68

Spielidee und Zählweise

Zwei 15-köpfige Teams spielen auf einem max. 68 m x 100 m großen Feld. Dieses endet nicht mit der Torauslinie (hier: Mallinie): Mit ihr beginnt vielmehr das Malfeld. Hier wird gepunktet. Es gewinnt das Team, dem es mit Lauf und Zuspiel am häufigsten gelingt, den "Ball" in das Malfeld des gegnerischen Teams zu legen. Das nennt sich dann nicht etwa Tor, sondern "Versuch" und zählt 4 Punkte. Gepunktet wird auch mit einem Schuß über die Latte (3 m hoch), zwischen den Pfosten hindurch, die über die Latte hinausragen. Aus dem laufenden Spiel heraus (Drop-kick) zählt das 3 Punkte. Auch ein gelungener Straftritt (Penalty) des auf der Spitze stehenden Balles bringt 3 Punkte. Die Erhöhung (oder: Conversion), eine Art Freischuß nach einem gelungenen Versuch, kann nochmal 2 Punkte bringen.

Stelle des Versuchs

Stelle des Trittes

Erhöhung:
Nach einem Versuch darf die erfolgreiche Mannschaft einen Erhöhungskick zu den Goalstangen treten (von der Stelle des Versuchs, auf einer Geraden parallel zur Seitenauslinie)

Streetball und andere

Das Besondere am Rugby

Zunächst der sogenannte "Ball": Bei der Schweineblase ist es zwar nicht geblieben, aber oval ist das Spielgerät immer noch. Das hat natürlich die Konsequenz, daß der Ball nicht geradeaus rollen kann wie ein Fußball. Er wird also meist liebevoll getragen. Der Spieler in Ballbesitz trägt den Ball so weit wie möglich in Richtung des gegnerischen Malfeldes. Alleine kommt er in der Regel nicht weit, denn er darf attackiert werden: Mit beiden Armen wird er umfaßt und zu Boden gerissen! Dabei muß er den Ball sofort freigeben.

Wer keine Lust hat, umgerissen zu werden und einen Ballverlust für das eigene Team vermeiden will, spielt vorher ab. Aber mit den Händen darf nur nach hinten gepaßt werden! Ein Paß an einen Mitspieler auf gleicher Höhe wird noch anerkannt, damit das Spiel nicht zu sehr an Schnelligkeit verliert. Beim Passen hält man den recht großen Ball in beiden Händen und paßt mit gestreckten Armen unter Drehung des Oberkörpers nach hinten. Die Kunst ist, aus vollem Lauf und in der Erwartung im nächsten Moment von einem massigen Gegenspieler umgerissen zu werden, konzentriert und präzise zu passen. Um trotz permanenter Rückpässe irgendwann an das andere Ende des Feldes zu gelangen, muß jeder Ballträger den Ball logischerweise weiter nach vorne tragen, als er ihn dann zurückpaßt. Den Ball nach vorne zu schießen ist erlaubt.

Das Gedränge (Scrum) ist eine der typischsten Rugby-Situationen: Drei stämmige Stürmer eines Teams haken sich ein, beugen die Oberkörper nach vorne und treffen leicht versetzt (also nicht Kopf auf Kopf) auf ihre drei Kollegen aus dem anderen Team. Gegen diese erste Dreier-Reihe drücken wie zum Auto-Anschieben jeweils zwei massigere Stürmer, die wiederum von hinten von den drei größten Stürmern geschoben werden. Wozu diese kollektive Kraftprobe?

Das Gedränge wird nach einem Regelverstoß (z.B. einem Paß nach vorne) vom Schiedsrichter bestimmt, um nach der Spielunterbrechung den Ball wieder ins Spiel zu bringen. Das am Verstoß nicht beteiligte Team wirft von unten, von der Seite den Ball in die Mitte des Gedränges. Die mittleren Spieler in der ersten Reihe (die Hakler) versuchen, den Ball mit dem Fuß nach hinten durchzugeben. Erst wenn der Ball aus dieser wogenden Menschentraube irgendwo rauskommt und von einem Spieler aufgenommen wurde, dürfen die Stürmer das Gedränge verlassen. Sobald ein Team den Ball aufgenommen hat, rollt der Angriff auch schon mit Volldampf los, d.h. alle am Gedränge Beteiligten müssen sofort absehen, wo's lang geht und dementsprechend ihre Position wieder einnehmen. Ein 5-Meter-Gedränge ist besonders gefährlich, da es an der 5-Meter-Linie vor dem Malfeld gebildet wird und sehr leicht zu einem Versuch führen kann. Schließlich sollte noch die Variante des offenen Gedränges erwähnt werden, das ohne Zutun des Schiedsrichters aus dem Spielverlauf heraus entsteht. Liegt der Ball am Boden und die Stürmer beider Mannschaften treffen gleichzeitig ein, bilden sie über ihm

Typische Rugby-Situation: das Gedränge

ein offenes Gedränge, um den Ball nach hinten zu hakeln und den Angriff mit mehr Freiraum zu beginnen. Die Alternative wäre, den Ball aufzunehmen: Der aufnehmende Spieler würde augenblicklich umgerissen. Kein Team hätte etwas gewonnen.

Spielverlauf

Ein Spiel hat zwei 40-minütige Halbzeiten mit einer Pause über 5 Minuten dazwischen. Jede Halbzeit beginnt mit dem Antritt: Der Ball wird dazu mit der Spitze auf den Platz-Mittelpunkt gestellt. Er muß mindestens 10 m weit getreten werden und darf nicht im Seitenaus oder im Malfeld landen. Mißlingt der Antritt, kann das verteidigende Team eine Wiederholung des Antritts oder ein Gedränge am Mittelpunkt verlangen. Mit dem Antritt laufen sofort die Stürmer auf die Verteidiger zu. Derjenige Spieler, der den Ball gefangen hat, versucht unter Umgehung der schon heranstürmenden gegnerischen Stürmer, mit dem Ball soweit wie möglich zu laufen. Das Team des Fängers gruppiert sich sofort systematisch in einer schrägen Linie hinter ihrem Ballträger, so daß im Lauf eine Rückpaß-Staffette möglich ist.

Entgegen anderslautendem Geraune gibt es verbotene Aktionen, echte Fouls, beim Rugby: Nicht erlaubt ist, einen zum Ball laufenden Gegner zu behindern, einen Gegenspieler zu treten, zu schlagen oder ein Bein zu stellen und schließlich, einen nicht in Ballbesitz befindlichen Spieler zu attackieren. Fouls können in harmloseren Fällen mit einem Freitritt geahndet werden. Für harte Fouls gibt es einen Straf-Versuch einschließlich Erhöhung und einen Straftritt ab der Mittellinie anstelle eines Antritts. Das kann sich zu 9 Punkten addieren und ist dann meist spielentscheidend.

Wird ein Ballträger umgerissen, muß er sofort den Ball freigeben. Der Ball darf und muß sofort aufgenommen und weitergespielt werden, um einen flüssigen Angriff vorzutragen.

Gerät der Ball einem Team im Spielverlauf über die Seitenauslinie, wird der Einwurf durch das andere Team in Form der sogenannten Gasse ausgeführt. Die größten Spieler beider Teams bilden im 90°-Winkel zur Seitenauslinie eine heftig rangelnde Gasse, über die mittig der Ball geworfen wird. Es wirft das Team ein, das den Ball nicht ins Aus gespielt hat.

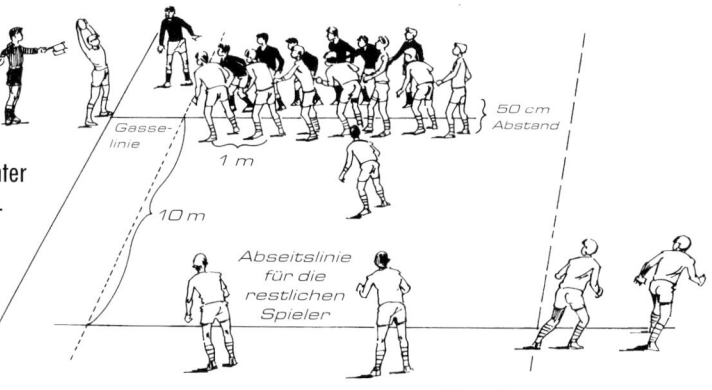

Gasse-linie
1 m
50 cm Abstand
10 m
Abseitslinie für die restlichen Spieler

Der Seiteneinwurf

Spielvarianten

Zunächst sollte man den Ball locker hin und her werfen, mit ihm laufen und rückpassen etc., um sich an ihn zu gewöhnen.

Soft Freestyle: Diese etwas entspanntere Urlaubsvariante kann mit beliebiger Teamstärke, auch zu zweit, gespielt werden. Es geht einzig darum, den Ball hinter die andere Grundlinie zu legen. Alle Regeln werden im Spiel in einem beliebig großen, rechteckigen Feld reduziert auf die eine: Umreißen ist nicht, stattdessen klatscht man den Ballträger nur an, der aber sofort den Ball freigeben muß.

Adresse

Deutscher Rugby Verband
Bundesleistungszentrum Nord
Ferdinand-Wilhelm-Fricke-Weg 2a
30169 Hannover
Tel.: 05 11 - 1 47 63
Fax: 05 11 - 1 61 02 06

Coole Spielideen

Streetball und andere

Scoop

Nie gehört? Es ist auch etwas ausgefallen: Schon diese gebogenen Schaufelkellen sind ein noch selten benutztes Sportgerät. Dabei ist es billig überall zu haben. Haben wir Federball im Moment etwas satt, dann ist dies die Alternative, die auch immer und überall gespielt werden kann. Das Prickelnde an Scoop ist, daß es ganz neue Spieltechniken abverlangt und dabei Spielvarianten ermöglicht, in denen man genausogut Geschicklichkeit wie "Powerplay" in den Vordergrund stellen kann.

Spielidee und Spielgerät

Scoop ist kein Sport mit Vereinsoberkassenwarten und international ausdiskutierten Regelwerken. Es gibt so viele Spielvarianten wie es Scoop-Spieler gibt. Alles entwickelt sich aber ausgehend von den Eigenschaften dieser merkwürdigen Wurf-Fang-Kelle. Zwischen DM 15,- und 20,- kostet ein Set mit zwei Schaufel-Schlägern und einem meist löchrigen Hohlball. Manchmal wird das Spiel nicht Scoop, sondern Cesta genannt. In dem Wörtchen lebt die Pelota-Tradition des neuen Spiels fort: Beim ehrwürdigen Pelota wird mit einer maßangefertigten, gewaltigen Kelle gespielt. Diese ist ein kunstvoll über einen Kastanienholzrahmen mit Metallverstrebungen gezogenes Schilfrohr-

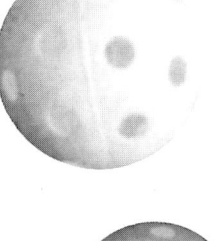
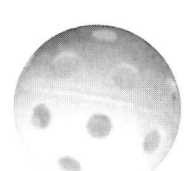

geflecht. Im Baskenland heißt dieser "Schläger" Cesta. Ob Scoop oder Cesta, die Grundidee ist die gleiche: Der Ball liegt in der Wölbung der länglichen Kelle und wird mit einer abrollenden Armbewegung herausgeschleudert. Das ist aber nur die halbe Miete: Denn genauso wichtig ist bei fast allen Spielvarianten, daß man in der Lage ist, den heranfliegenden Ball mit einer Art umgekehrten Fangbewegung in seiner Kelle aufzufangen.

Scoop

Flaschen-Scoop: Das ist die Spielvariante, mit der Anfänger sich an dem neuen Gerät etwas einspielen können. Hierbei stehen sich zwei Spieler in ca. 8-10 m gegenüber, oder mehrere Spieler bilden einen 8-10 m großen Kreis. In der Mitte zwischen ihnen steht eine leere Flasche. Die Spieler versuchen abwechselnd, den Ball mit dem Scoop auf die Flasche zu schleudern. Hier geht es zunächst nur um die Zielgenauigkeit, das Fangen entfällt.

Scoop-Ball: Zwei Spieler stehen sich gegenüber. Wer die Kelle beherrscht, sollte vor Entfernungen von 15-20 m nicht zurückschrecken. Neulinge beginnen mit 5 m. Die Spieler passen sich mit der Kelle den Ball zu und fangen ihn auf. Beginnen die Spieler diesen Ablauf mit einer gewissen Routine zu absolvieren, können sie das Spiel so beschleunigen: Die Fangbewegung soll möglichst flüssig und ohne Absetzen in die Wurfbewegung übergehen. Jetzt wird Scoop zum schnellen Sport. Meist leidet die Präzision bei diesem Direktspiel, so daß die Spieler zwangsläufig mehr laufen müssen. Natürlich ist das auch als Doppel spielbar.

Scoop-Tennis: Haben die Spieler Scoop-Ball zu einiger Perfektion gebracht, können sie langsam anfangen, fies zu werden: D.h. sie bemühen sich jetzt nicht mehr, möglichst präzise auf den Mitspieler zu spielen, sondern im Gegenteil, den Ball möglichst unerreichbar zu plazieren. Sinnvollerweise sollten die Spieler sich vorher auf eine Spielfeldbegrenzung einigen. Zusätzlich sollte noch vereinbart werden, daß keine "Schmetterbälle" gespielt werden dürfen und der Ball immer eine bogenförmige Flugbahn beschreiben muß. Ein mindestens 2 m hohes Netz unterstreicht so eine Abmachung. Denn Schmetterbälle sind mit der Kelle kaum in einer flüssigen Bewegung zu fangen und zurückzuspielen. Aber probieren ist hier besser als lesen ...

Scoop-Goal ist eher was für Fortgeschrittene. Jetzt spielen zwei Teams mit jeweils 3-6 Spielern. Gespielt wird auf einem Spielfeld mit zwei Toren, Körben, Eimern .... Bei großen Toren spielt man mit Torwart, bei kleineren "Gefäßen" ohne. Das Spielfeld sollte dem gewählten Ball entsprechend dimensioniert sein. Nimmt man den leichten, durchlöcherten Scoopball, sollte es nicht zu groß (ca. 10 m x 25 m) sein, da weite Pässe damit nicht zu spielen sind. Mit einem Squashball kann man zwar weiter passen, aber der Ball ist kaum mehr mit der Kelle zu kontrollieren. Die Spielweise sollte sich an den Basketballregeln orientieren.

Scoop-Squash: Nein, dazu muß man nicht mit seinen Kellen in den Squash-Court stürmen. Alles was man dazu finden muß, sind zwei aneinander anschließende Wände (möglichst rechteckig), die 3-4 m hoch sind und keine Fenster haben. Darauf und auf dem Boden davor kann mit Kreide das Spielfeld wie auf der Zeichnung markiert werden. Gespielt wird nach eigenen oder nach Squash-Regeln. Die Aufgabe darf über eine oder zwei Banden erfolgen, der Ball muß aber im gegenüberliegenden Spielfeld-Dreieck aufkommen.

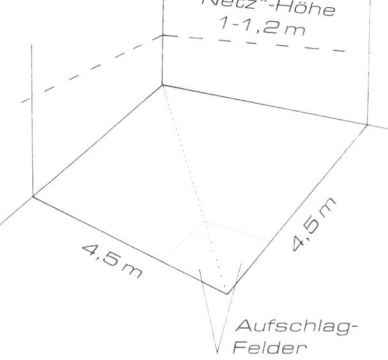

"Netz"-Höhe 1-1,2 m

4,5 m

4,5 m

Aufschlag-Felder

Adresse

Deutscher Sport-Bund
Otto-Fleck-Schneise 12
60528 Frankfurt
Tel.: 0 69 - 67 00 00
Fax: 0 69 - 67 49 06

coole Spielideen

Streetball und andere

Shuffleboard

W ieder einmal zeichnen die Briten verantwortlich für ein nettes kleines Spiel. Unsere verspielten Freunde von der Insel bezeichnen sich ja selbst, und auch mit einiger Berechtigung, als Seefahrervolk. Shuffleboard heckten sich die gepflegt reisenden Kolonial-Seefahrer für die zahlreichen eitlen Stunden auf Deck aus. Es ist sicher kein Spiel, in dem sich die schwitzenden Spieler brüllend aufeinander stürzen, aber es hat andere Reize: Gefühl und entspannt vorgetragene Präzision machen Shuffleboard zu einer angenehmen Kurzweil.

Spielidee

Hier gilt es, eine 15 cm durchmessende, 2,5 cm hohe Metallscheibe von 325-425 g Gewicht über eine Spielbahn in ein 3,20 m langes Zielfeld zu schleudern. Das Zielfeld ist in verschiedene Zonen eingeteilt, die eine bestimmte Wertigkeit haben. Rutscht die Scheibe in die letzte Zone ("10 OFF"), zieht das 10 Minuspunkte nach sich. Geschleudert wird die Scheibe nicht etwa mit der Hand, sondern mit einem 1,90 m langen Stock, der in einer halbkreisförmigen Führung für die Scheibe endet. Die Scheiben müssen 8,88 m vor der Spitze des Zielfeldes abgegeben werden. Auf Bahnen mit zwei gegenüberliegenden Zielfeldern wirft man vor der "10 OFF"-Zone ab. Die Bahn ist 1,82 m breit und insgesamt ca. 16m lang. Gespielt wird in zwei 2er- oder 4er-Teams, wobei jeder Spieler 4 Scheiben hat. Die gegnerische Scheibe darf mit der eigenen weggeschossen werden. Die Spieler sind immer abwechselnd am Zug. Noch mit der letzten Scheibe kann hier die ganze Punkteverteilung radikal verändert werden. Die Punkte der Felder, in denen die Scheiben vollständig liegen, werden addiert. Ein Spiel wird bis 75 gespielt.

Spielvarianten

Mercy: In dieser Variante wird nur ein kleiner Gnadenakt eingeführt: Der Spieler, dessen Scheibe von einer gegnerischen Scheibe auf das "10-OFF" Feld geschoben wird, erhält eine Extra-Scheibe. Damit hat er die Möglichkeit, entweder seine eigene Scheibe aus dem üblen Feld heraus zu schießen oder aber mit der Extra-Scheibe ausgleichend zu punkten.

Schrubber: Das ist die etwas rustikalere Variante zu Shuffleboard. Der doch eher seltene, sehr lange Scheibenschieber wird ersetzt durch einen ordinären Schrubber. Als Scheibe kann z.B. eine Frisbeescheibe oder eine Holzscheibe mißbraucht werden. Der Phantasie sind da keine Grenzen gesetzt. Gespielt werden kann sowohl auf Asphalt und Beton als auch auf heimischen Böden wie Parkett und Teppichboden.

Groschen: Geworfen wird hier ein Groschen ohne Führungsstock. Die Wurfbahn kann entweder auf dem Boden mit 3-4 m Länge und 1 m langem Zielfeld eingezeichnet werden oder entsprechend kleiner auf einem größeren Tisch.

Adresse

Deutscher Sport-Bund
Otto-Fleck-Schneise 12
60528 Frankfurt
Tel.: 0 69 - 6 70 00
Fax: 0 69 - 67 49 06

Squash

Schnell, hart, verwirrend: ein Sport für Spiderman! Squash ist nicht geeignet für versonnenes Spiel und Gift für schwache Knie. Hier wird das Spielfeld in die dritte Dimension geklappt, was konservative Geister zur herablassenden Bezeichnung "Affentennis" veranlaßte. Wie dem auch sei: Squash fasziniert von Anfang an durch seine explosive Dynamik, die nur in der Enge des Squash-Courts möglich ist. Darüber hinaus stellt es höchste Anforderungen an reaktionsschnelle Körperbeherrschung, konzentriertes Ballgefühl und zu gleichen Teilen Geschwindigkeit, Ausdauer und Kraft wie kaum ein anderer Sport. Die schnelle Jagd nach dem kleinen Gummiball ist inzwischen zu einem deutschen Breitensport mit über 2 Millionen Spielern geworden.

coole Spielideen ... und andere ...

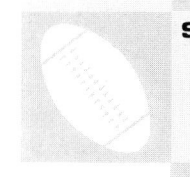

Court und Spielidee

Der Raum (court), in dem gespielt wird, bestimmt alles weitere. Logisch: Der 4 cm-kleine Gummiball wird möglichst so zum Gegenspieler gespielt, daß er ihn nicht retournieren kann. Die Schlagvarianten, die z.B. Tennis und Badminton dazu bieten, werden im Squash dadurch vervielfacht, daß man den Ball nicht direkt spielen muß, sondern über die Wände spielen kann. Das eigentliche Spielfeld ist dabei die Vorderwand. Auf diese muß der Ball zwischen dem unteren, fast einen halben Meter hohen Dämpfer (tinboard oder tin) und der oberen Auslinie treffen. Vorher darf er natürlich nicht auf den Boden und auch nicht in den Bereich jenseits der oberen Auslinie gespielt werden. Sehr wohl darf er über die Rückwand und die Seitenwände bis zur oberen Auslinie geschlagen werden. Auch hier gilt allerdings: Ein bißchen Schwund ist immer, oder: Je länger die Wege (also von der Rück- zur Vorderwand) und je zahlreicher die Wandberührungen, desto mehr Kraft muß in jedem Schlag stecken. Und diese Kraft mit der bescheidenen Schlagfläche des Squash-Schlägers (racket) in die kleine Gummimurmel zu bringen, während man befürchten muß, schwungvoll gegen die Wand zu laufen, ist gar nicht so leicht. Eine besondere Tücke liegt in der Kleinigkeit verborgen, daß der Ball sich beim Spielen erwärmt. Das heißt: Er wird schneller, während die Spieler in der Regel im Spielverlauf langsamer werden.

Grundregeln

Der Aufschlag:

Für den Beginn des Spielers werfen coole Squasher keine Münzen, sondern wählen eine Schlägerseite und lassen dann den Schläger auf dem Kopf kreiseln. Der aufschlagende Spieler muß nur mit einem Fuß im Angaberaum (auf der Linie reicht nicht!) stehen, er kann wählen, auf welcher Seite er beginnen will, muß aber nach jedem Punkt die Seite wechseln. Punkten kann nur, wer aufschlägt. Verliert der Aufschläger einen Ballwechsel, verliert er das Aufschlagsrecht. Der Aufschlag muß direkt auf die Vorderwand zwischen Tin und obere Auslinie so gespielt werden, daß er - ohne die Seitenwände oder die Rückwand berührt zu haben - im hinteren Viertel der anderen Spielhälfte landet. Der Gegenspieler darf den Aufschlag allerdings auch volley retournieren, was für den Aufschläger meist nichts Gutes bedeutet.

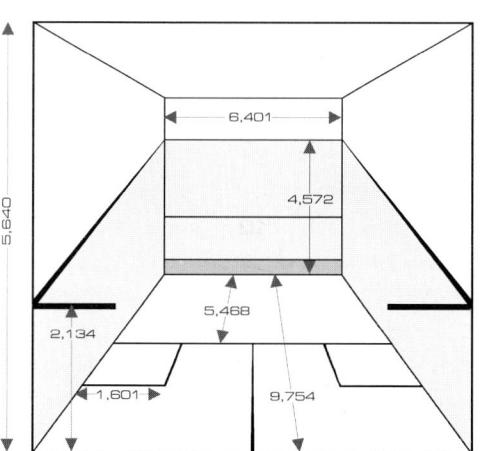

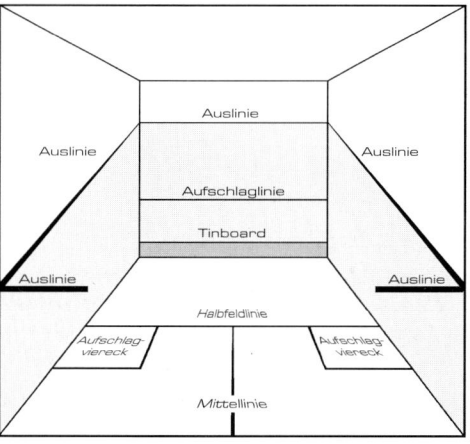

Wie schlägt man auf?

Damit man seinen Aufschlag nicht gleich um die Ohren gehauen kriegt, kann man zweierlei versuchen: *1.* Man schlägt hart und halbhoch von der Spielfeldmitte auf, z.B. als Rechtshänder vom linken Angaberaum einen Vorhandaufschlag. Damit kommt der Aufschlag als eine Art Passierball (longline) möglichst nahe an der Seiten- und Rückwand beim Mitspieler an. *2.* Man schlägt den Ball weich von unten, möglichst dicht unter die obere Auslinie, damit der Ball als Lob ganz weit hinten an der Rückwand landet, optimal ist direkt in der Ecke.

Der Ballwechsel:

Beim Ballwechsel darf der Ball nur einmal auftippen, muß es aber nicht. Der Ball darf auch nicht den Gegenspieler berühren, bevor er die Vorderwand erreicht. In der Enge des Courts läuft man sich schon mal unabsichtlich in die Quere: Derart unelegant beendete Ballwechsel annulliert man mit einem Let, der Wiederholung des Aufschlags. Squash funktioniert nur, wenn die Spieler alles versuchen, sich in keinster Weise gegenseitig zu behindern. Ein Let wird auch gewährt, wenn ein Spieler einen Schlag nur unterlassen hat, um seinen Mitspieler nicht zu verletzen! Man spielt wahlweise zwei oder drei Gewinnsätze mit 9 Gewinnpunkten. Beim Spielstand von 8:8 entscheidet der Rückschläger, ob bis 9 oder bis 10 gespielt wird.

Die Technik

Squash wird nicht wie Tischtennis aus dem Handgelenk gespielt. Allenfalls bei Stopbällen unmittelbar vor der Frontwand oder bei Bällen ohne Ausholbewegung dreht man den Racket aus dem Handgelenk.

Bei der weiten Ausholbewegung wird der Racket nicht wie (grundsätzlich) beim Tennis gerade durchgezogen. Bei Vorhand wie Rückhand liegt die Schlagfläche horizontal und wird bis zum Treffen des Balles langsam gekippt: z.B. beim harten Longline ziemlich genau rechtwinklig. Diese Drehung kommt aber nicht aus dem Handgelenk, sondern aus dem Arm.

Das hört sich albern an, passiert aber nunmal: Lauft nicht zu nahe an die Wände ran und in die Ecken rein. Entweder man ruiniert sich den Racket oder kriegt noch gerade genug Schwung in den Ball, um ihn einen halben Meter weit zu schlagen.

Durch das hohe Tempo des Spieles müssen die Spieler sich angewöhnen, nicht nur nach jedem Schlag vorne an die Mittellinie (T-Linie) zurückzukehren, sondern auch permanent die Kautschukkugel zu fixieren. Dabei muß der Schläger immer oben gehalten werden, und schon beim Zugehen auf den Ball wird ausgeholt und der Schlag vorbereitet. Hier ist deutlich weniger Zeit als beim Tennis!

Ausrüstung

Zunächst brauchen Squasher einen Court. Darüber hinaus braucht der Squash-Interessierte nur noch einen Racket, einen Ball und gescheite Turnschuhe.

Der Racket

Beim Court-Betreiber kann in aller Regel für etwa DM 5,- pro Std. ein Racket ausgeliehen werden. Ein neuer Racket ist ab DM 40,- zu haben. Er sollte nicht weniger als 200 g, nicht mehr als 250 g wiegen. Für den spielfreudigen Amateur reichen Kunstsaiten allemal. Die Frage der Bespannungshärte stellt sich erst bei teureren Rackets: Zwischen 10 und 13,5 Kilopond variiert die Squash-Bespannung.

Der Ball

Die farbig markierten Bälle sind unterschiedlich schnell: Blaue Bälle sind sehr schnell, rot mittel, gelbe sind langsam, weiße sehr langsam. Die langsamen Bälle sind den versierten Spielern vorbehalten und für den Anfänger kaum spielbar. Sie sollten mit blauen oder roten Bällen spielen. In weißgetünchten Courts sind Bälle mit der Grundfarbe Schwarz oft nicht gern gesehen, da sie Streifen hinterlassen. Ein Ball kostet ca. DM 3,-.

Die Schuhe

Wer sich keine Squash-Schuhe zulegen will, sollte allerdings auf folgendes achten: Die Schuhe dürfen nicht zu schwer sein, da sonst nach kurzer Zeit rechtunbeholfen durch den Court gestolpert wird. Die Sohle sollte weder durchrutschen noch absolut am Court-Boden kleben: Im ersteren Fall kann man kurzgesagt nicht Squash spielen; im letzteren werden Fuß- und Kniegelenke bei regelmäßigerem Spiel ruiniert. Court-Betreiber sehen gerne eine abriebfeste Naturkautschuksohle bei ihren Kunden. Die Schuhe sollten richtig gut sitzen und möglichst ein halbwegs ausgeformtes Fußbett haben.

Spielvarianten

Keep-Going: Gerade bei geringer technischer Versiertheit ist es eher witzlos, auf Punkte zu spielen. Wettkampforientiert spielen ist dann nur "destruktiv spielen". Zunächst ist es wesentlich reizvoller, möglichst viele Schläge abwechselnd auszuführen, ohne zu patzen.

Garage: Der Härtetest für anpassungsfähiges Spiel! Draufdreschen bringt auf diesem Raum gar nichts. Feines Dosieren ist angesagt und obendrein kann hier erstklassig geübt werden, nicht im Weg zu stehen. Ein weniger extremer Effekt wird erreicht, wenn man sich auf die vordere Spielfeldhälfte im Court beschränkt.

Distanz-Squash: Die Spieler halten sich nur in der hinteren Hälfte des Spielfeldes auf, und jeder Ball muß auch von hier zu spielen sein. Stopbälle, die von der Vorderwand abtropfen, sind hier Fehler. Meist endet das in einem brettharten Longline-Schlagabtausch.

Adresse

Deutscher Squash Verband
Weidenweg 10
47059 Duisburg
Tel.: 02 03 - 31 50 75
Fax: 02 03 - 31 48 13

coole Spielideen

Streetball

In-Sport, Mega-Trend, ultimativer Hip-Lifestyle: Es gibt wohl kaum einen zweiten Sport, der mit mehr schwachsinnigen Worthülsen zugeknallt wurde und wird. Seit adidas im Sommer 1992 die erste große "Streetball-Challenge" veranstaltet hat, boomt Streetball. Schon bei der zweiten Auflage dieses größten deutschen Streetball-Turniers meldeten sich bei dem dreistreifigen Veranstalter 600 Teams mit 2400 Spielern an. Sie spielten 1993 vor 70 000 Zuschauern am Fuße des Berliner Olympiastadions. Streetball ist ein geiles Spiel, in das wirklich jeder sofort einsteigen kann. Die Spielzüge wechseln rasant, es wird massig gepunktet. Der "Straßensport" appelliert eher an den anarchischen Spielwitz als an die perfekte Beherrschung detaillierter Bewegungsabläufe. Obendrein entmündigt Streetball die Spieler nicht durch dicke Regelsammlungen oder einen Schiedsrichter. Man muß halt miteinander reden ...

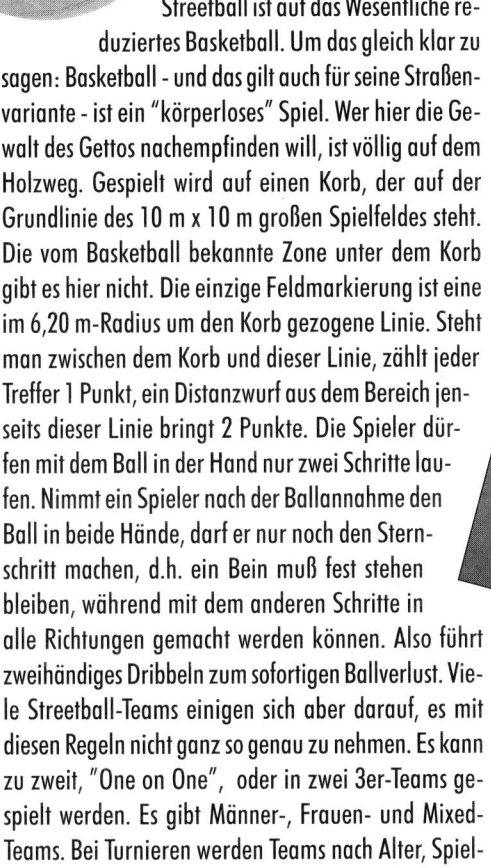

Spielidee

Streetball ist auf das Wesentliche reduziertes Basketball. Um das gleich klar zu sagen: Basketball - und das gilt auch für seine Straßenvariante - ist ein "körperloses" Spiel. Wer hier die Gewalt des Gettos nachempfinden will, ist völlig auf dem Holzweg. Gespielt wird auf einen Korb, der auf der Grundlinie des 10 m x 10 m großen Spielfeldes steht. Die vom Basketball bekannte Zone unter dem Korb gibt es hier nicht. Die einzige Feldmarkierung ist eine im 6,20 m-Radius um den Korb gezogene Linie. Steht man zwischen dem Korb und dieser Linie, zählt jeder Treffer 1 Punkt, ein Distanzwurf aus dem Bereich jenseits dieser Linie bringt 2 Punkte. Die Spieler dürfen mit dem Ball in der Hand nur zwei Schritte laufen. Nimmt ein Spieler nach der Ballannahme den Ball in beide Hände, darf er nur noch den Sternschritt machen, d.h. ein Bein muß fest stehen bleiben, während mit dem anderen Schritte in alle Richtungen gemacht werden können. Also führt zweihändiges Dribbeln zum sofortigen Ballverlust. Viele Streetball-Teams einigen sich aber darauf, es mit diesen Regeln nicht ganz so genau zu nehmen. Es kann zu zweit, "One on One", oder in zwei 3er-Teams gespielt werden. Es gibt Männer-, Frauen- und Mixed-Teams. Bei Turnieren werden Teams nach Alter, Spielstärke und Geschlecht gegeneinandergestellt.

Amerikanische Streetballspieler

Spielverlauf

Es wird ausgelost, welches Team anfängt. Jeder Spielzug beginnt außerhalb der 6,20 m-Linie. Innerhalb von 30 Sekunden muß ein Wurf auf den Korb erfolgen, sonst geht der Ball an das andere Team verloren. Dieses Team muß aber auch mit dem so gewonnenen Ball, ebenso wie nach einem vom gegnerischen Team verursachten Foul oder Ausball, zuerst hinter die Distanzlinie. Fängt ein Team einen Paß ab oder gewinnt den Ball unter dem Korb, muß es auch erst aus der 6,20 m-Zone herauspassen, bevor es auf den Korb spielen darf. Ein Korb zählt nur, wenn 2 Spieler den Ball bereits berührt haben. Nach einem Korbwurf geht der Ballbesitz auf das andere Team über. Ein Ersatzspieler kann beliebig oft fliegend eingewechselt werden. Die Spieler einigen sich auf das Spiel-Ende: Oft wird die Spieldauer auf 20 Minuten begrenzt. Viele Teams bestimmen aber auch vor Spielbeginn, bis zu welcher Punktzahl (oft 16 Punkte) gespielt wird.

Fouls

Als Foul gilt alles, was auch im Basketball ein Foul ist. Also ganz genau genommen ist keine Attacke erlaubt, die den Körperkontakt mit dem Ballträger mit sich bringt. Das wird aber recht großzügig gehandhabt. Aber ganz sicher ist jenes Anrempeln, das beim Fußball noch als Körperkraft ausgelegt würde, als Foulspiel anzusehen, ebenso wie jedes Festhalten oder Schlagen auf die ballführende Hand. Streetball lebt von der Einsicht in das Fair play. Deswegen ist auch kein Schiedsrichter vorgesehen. Ein Spieler sollte von sich aus anzeigen, wenn er gefoult hat! Sind sich die Beteiligten selbst nicht sicher, was passiert ist, wird zugunsten des verteidigenden Teams entschieden, das außerhalb der 6,20 m Linie den Ball erhält. Bei Meinungsverschiedenheiten müssen sich die "mündigen Spieler" untereinander einigen! Da das leider bei Turnieren immer mal wieder nicht geklappt hat und Teams sich sogar zu idiotischen Handgreiflichkeiten haben hinreißen lassen, wird jetzt mancherorts schon mit einem "Court-Beobachter" gespielt. Da dessen Entscheidungen verbindlich sind, ist er nichts anderes als ein Schiedsrichter. Wenn das zur Dauereinrichtung werden müßte, wäre das wirklich ein Armutszeugnis für die Streetballer.

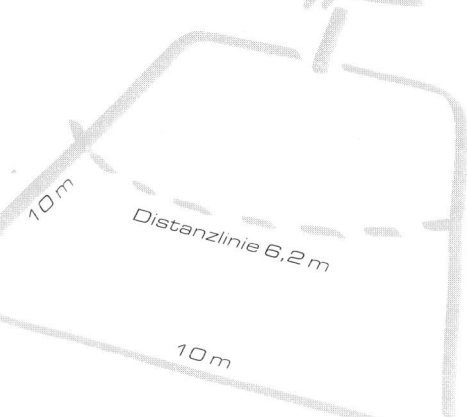

10 m

Distanzlinie 6,2 m

10 m

Taktik

Beim "One on One" kann nicht viel zur Taktik gesagt werden, da sich alles direkt ergibt. Die Königsdisziplin des Streetball ist sowieso das Spiel in 3er-Teams. Die Taktik sowohl des verteidigenden wie des angreifenden Teams ist von der Schnelligkeit des Spiels auf dem kleinen Feld bestimmt. Alle Spieler müssen zu jedem Augenblick hellwach sein. Beim Fußball gibt es immer wieder Momente, in denen sich gut ein Drittel eines Teams zumindest körperlich zur Ruhe begibt. Beim Streetball wird das sofort bestraft. Ein Angreifer muß permanent anspielbar sein. Dazu gehört, den Blickkontakt zum ballführenden Mitspieler zu halten, die Hände oben zu haben und ansatzweise in der Hocke stehend immer in jede Richtung durchstarten zu können. Hektisches Herumgerenne ist damit nicht gemeint. Fast automatisch ergibt sich eine Dreiecksaufstellung der Angreifer, mit einem Aufbauspieler in der Mitte und zwei Flügelspielern. Aber anders als beim Basketball werden die Positionen permanent anders besetzt. Die Verteidigung paßt sich notgedrungen der Dreiecks-Formation des Offensiv-Teams an. Raumdeckung ist beim Streetball nicht angesagt. Manndeckung ist das Mittel der Wahl, da schon der Ballbesitz des direkten Gegenspielers möglichst zu unterbinden ist. Ein Angreifer in Ballbesitz ist auf dem kleinen Feld sofort extrem korbgefährlich. Die Verteidigung muß also mindestens genauso schnell wie der Angriff sein. Der Verteidiger klebt an seinem Gegenspieler, sollte aber gleichzeitig den Spielverlauf so gut verfolgen, daß er Pässe erahnen und abfangen kann.

Spielvarianten

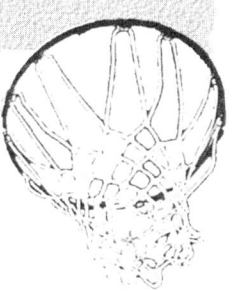

Touch: Wer es härter mag, kann ja das Gebot der "Körperlosigkeit" aufheben. Festhalten, tackeln und in den Wurfarm greifen, sollte weiterhin verboten bleiben. Aber Abdrängen, der Einsatz von Körperkraft und eventuell leichtes Sperren könnten zugunsten härterer Zweikämpfe zugelassen werden.

Dribbless: Hier wird das Dribbeln abgeschafft. Das hat natürlich in erster Linie Konsequenzen für den Angriff. Die Spieler dürfen nur ihre zwei Schritte mit dem Ball machen. Dann müssen sie stehen bleiben und dürfen nur noch den Sternschritt machen. Die Angreifer müssen sich jetzt noch extremer freilaufen und anbieten. Das Spiel wird stärker zum Paß- und Wurfspiel.

Kommerz?

Neben adidas laden noch Reebok (Black-Top-Turniere) und Converse (3 on 3 World Tour) zu Großveranstaltungen ein. Dutzende von Basketballkörben, knackig beschallt von Rap und Hip-Hop und im Rahmenprogramm möglichst noch zwei Original-Bronx-Breakdancer oder ein Basketball-Pro aus Ami-Land bilden nicht nur den Rahmen für eine sportive Sommerparty. Natürlich ist es auch eine Werbe-Party der Veranstalter. Der Streetball-Boom ist mehr als nur ein erfolgreiches Marketing-Konzept: Die Spielidee ist einfach und genial. Wer sich dazu eine teure Streetball-Fashion aufschwätzen läßt, ist selber schuld.

Adresse

Deutscher Basketball Bund
Schwanenstr. 6-10
58089 Hagen
Tel.: 0 23 31 - 10 61 61
Fax: 0 23 31 - 10 61 69

Streetball und andere coole Spielideen

Tchoukball

Frame: 0,9 x 0,9 m ⟋ 60°
3 m
30-40 m
15-20 m

Bob Dylan war 29 und machte gerade ganz, ganz schlechte Platten, der Vietnam-Krieg tobte: Da wurde 1970 mit Tchouk- ball das passende Spiel zur Friedensbewegung erfunden. Die Regeln schreiben zwar keine Blumen im Haar vor, aber dem schweizer Er- finder lag besonders am Herzen, jegliche Agressivität zwischen den Spielern auszu- schalten. Dabei ist erstaunlicherweise ein Spiel raus- gekommen, das nicht völlig öde ist, sondern das in seiner sehr eigenartigen Mischung aus Handball, Squash und Volleyball den intelligenten Athleten for- dert.

Spielidee

In Anlehnung an Squash geht es hier darum, den Ball so gegen eine vorgeschriebene Fläche zu werfen, daß das gegnerische Team den Rebound nicht fangen kann. Diese Fläche ist aber nicht die Wand wie im Squash-Court, sondern das sogenannte Frame, das wie ein kleines, leicht gekipptes Trampolin aussieht und anstelle von Toren auf den Grundlinien des Spielfeldes steht. Um das Frame herum ist, wie im Handball, ein Wurfkreis mit einem Radius von 3 m markiert. Niemand darf den Wurfkreis betreten. Der Wurf auf das elastische Netz des Frame bringt nur dann einen Punkt, wenn der Rebound nicht innerhalb des Wurfkreises landet und es dem anderen Team nicht gelingt, ihn zu fangen. Wenn ein Wurf das Frame verfehlt, der Ball vor dem Frame den Boden berührt oder der Rebound in den Wurfkreis, auf den Werfer oder ins Aus geht, dann erhält das andere Team einen Punkt. Das Team in Ballbesitz darf in keiner Weise behindert oder angegriffen werden!

Spielfeld und Spielverlauf

Tchouk-Ball wird in zwei Teams gespielt, die jeweils zwischen 4 und 12 Spieler haben. Gespielt werden dreimal 10 Minuten. Man kann sowohl auf ein Frame (quadratisches Spielfeld, Seitenlänge: 15-20 m) wie auf zwei Frames spielen (15-20 m x 30-40 m). Das Frame (90 cm x 90 cm) wird in einem Winkel von 60° zum Boden aufgestellt. Der Ball darf nicht den Boden berühren, aber mit allen Körperteilen außer den Füßen gespielt werden. Mit Ball sind höchstens drei Schritte erlaubt. Das Spiel gewinnt enorm an Tempo durch die Regeln, daß jeder Spieler den Ball nur 3 Sekunden halten darf und daß ein Team mit der dritten Ballberührung auf das Frame werfen muß. Um das nochmal ganz klar zu sagen: Keine Aktion des Gegners darf in irgendeiner Weise behindert oder unterbrochen werden. Einen Paß des anderen Teams abzufangen gilt also als Fehler und wird mit einem Freiwurf von der Stelle, an der der Fehler gemacht wurde, geahndet! Beim Freiwurf muß mindestens ein Paß erfolgen, bevor auf ein Frame geworfen wird. Beide Teams können auf beide Frames spielen. Nach drei Würfen auf ein Frame, muß der nächste Spielzug allerdings auf das zweite Frame gehen. Ebenso wechselt die Spielrichtung nach jedem Punkt. Neu begonnen wird das Spiel nach Punkten oder bei Beginn eines neuen Drittels immer von einer Grundlinie, dabei sind dem anwerfenden Team ausnahmsweise 4 Ballberührungen erlaubt.

Taktik

Es muß schnell gepaßt werden, und der zweite Paß muß an einen Mitspieler in guter Wurfposition gehen. Das funktioniert nur, wenn das ganze Team mitdenkt und sich bewegt. Besonders kritisch ist die Situation, wenn ein Wurf auf das Frame von dem gegnerischen Team gefangen wird, da ja beide Teams dreimal hintereinander auf dasselbe Frame werfen können. Das gerade noch angreifende Team muß sich jetzt blitzschnell so um den Wurfkreis aufstellen, daß es den Rebound des sofort auf dasselbe Frame zu erwartenden Wurfs fangen kann.

Spielvarianten

Sponti: Ein Frame steht ja nun eher selten zur Verfügung. Wird in einer gut ausgestatteten Halle gespielt, ist das Frame leicht durch ein Mini-Trampolin zu ersetzen. Ein denkbarer Frame-Ersatz im Freien wären Parkbänke. Natürlich können auch ca. 1 m² große Sperrholzbretter organisiert werden. Dann sollte allerdings der Wurfkreis vergrößert werden, da der Ball wesentlich weiter abprallt.

Tchouk-Squash: Es spielen zwei 2-4-köpfige Teams auf eine Wand, an der in 1,5-2,5 m Höhe eine Trefferfläche markiert ist. Auch bei dieser Variante sollte der Wurfkreis vergrößert werden, zumindest aber der Bereich, in dem der Ball nicht aufkommen darf. An entsprechend größeren Wänden können natürlich auch größere Teams spielen.

Tchouk-Volley: Drei Dinge ändern sich hier: Erstens wird der Ball nicht geschnappt und geworfen, sondern wie im Volleyball gebaggert, gepritscht und geschmettert (oder auch geköpft). Zweitens wird auf einem Basketballfeld gespielt, und als Frames dienen die Spielbretter des Basketballkorbes. Drittens gibt es keinen Wurfkreis, allerdings darf sich kein Spieler länger als 5 Sekunden in der Zone unter dem Brett aufhalten. Der Ball darf den Ring erst berühren, nachdem er das Brett getroffen hat. Die Rebounds sollen hier nicht geschnappt werden, sondern nach Volleyball-Manier aufgenommen werden.

Adresse

Deutscher Turner-Bund
Otto-Fleck-Schneise 8
60528 Frankfurt
Tel.: 069-678010
Fax: 069-6780179

Tennis

Seit unser werbetaugliches Traumpaar Steffi und Boris von Sieg zu Sieg eilt, wollen immer mehr Bundesbürger den Hohlgummiball mit flauschiger Filzhülle selbst mal kraftvoll und zugleich präzise beschleunigen. Mit 2,3 Millionen in Clubs registrierten Aktiven ist Tennis in Deutschland inzwischen Volkssport Nr.2. Die Zeit der Tennisbarone und weißgewandeten Club-Snobs ist unwiederbringlich vorbei. Tennis befriedigt wirklich jeden: Der Filzball kann sowohl auf elegant-gemächliche Art hin- und hergespielt werden, er kann aber auch auf über 200 km/h beschleunigt werden und damit Tennis zu einem der technisch anspruchsvollsten und athletischsten Sportarten überhaupt machen. Uns geht es weniger um das offizielle Tennis, das jeden Tag im Fernsehen kommt, als um ein paar interessante Tennis-Varianten, für die man auch nicht in den Club muß.

Spielidee

Tennis kann sowohl als "Einzel" als auch als "Doppel" gespielt werden. Im Einzel mißt das offizielle Spielfeld 23,70 m x 8,23 m im Doppel 23,70 m x 10,97 m. Es ist in der Mitte von einem 91 cm hohen Netz geteilt. Der Ball soll möglichst so über das Netz geschlagen werden, daß der gegnerische Spieler den Ball nicht mehr zurückbringen kann. Nach folgenden Fehlern erhält die Gegenseite einen Punkt: Der Ball berührt mehr als einmal den Boden, bevor er gespielt wird; der Ball wird ins Netz geschlagen; der Ball wird ins Aus geschlagen; der Ball wird nicht getroffen.

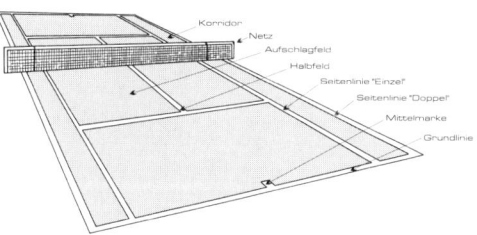

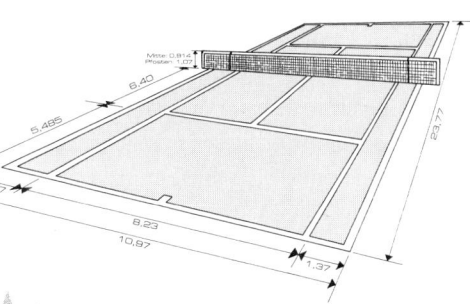

coole Spielideen

Streetball und andere

Spielvarianten

Grundsätzlich gilt natürlich für alle Varianten, daß sie nicht nur mit tollen Tennis-Rackets und prallen Tennisbällen gespielt werden können, sondern daß jedes olle Speckbrett und fast jeder kleinere Ball brauchbar ist.

Tennis-Volley: Gespielt wird hier in 4er- bis 6er-Teams. Die Grundregeln sind wie beim Volleyball: Jedes Team muß spätestens mit der dritten Ballberührung den Ball rüberspielen. Ob der Ball jeweils einmal den Boden berühren oder nur volley gespielt werden darf, ist Geschmackssache. Wird draußen auf der Wiese gespielt, kann ein Netz/Seil in der Höhe des Volleyballnetzes (2,43 m) gespannt werden. Dann kann auch das Volleyball-typische "Stellen" (den Ball hoch ans Netz vorlegen) und Schmettern zugelassen werden. Wird aber auf einem Tennisplatz gespielt, sollten Schmetterbälle vermieden werden. Dafür kann die Regel eingeführt werden, daß der Ball bevor er übers Netz geht, auf dem Boden aufkommen muß (wie beim Ping-Pong).

Tennis-Golf: Entweder wird ein Parcours mit beliebigen selbstmitgebrachten "Löchern" markiert, oder aber es werden querfeldein bestimmte Ziele verabredet, die mit möglichst wenigen Schlägen mit dem Tennisball erreicht und angespielt werden müssen.

Insel-Tennis: Zwei Spieler stehen 5-10 m voneinander entfernt. Jeder zeichnet vor sich ein Kreis oder ein Viereck von ca. 1 m² Größe auf den Boden. Der Ball wird jetzt so zugespielt, daß er nur auf diesen beiden "Inseln" aufkommen darf.

Mühle sollte mit mindestens vier Leuten gespielt werden. Man markiert grob ein Feld von 3-5 m x 6-10 m. Hinter den Grundlinien steht jeweils die Hälfte der Spieler Schlange. Nachdem der Spieler den Ball rübergeschlagen hat, rennt er um das Spielfeld und stellt sich drüben an, bis er wieder dran ist. Wer den Ball zweimal nicht zurückspielt oder ins Aus spielt, scheidet aus. Die letzten beiden spielen mit drei Ballwechseln um den Sieg.

Goal-Tennis: Hier wird auf Tore gespielt. Die Mannschafts- und Spielfeldgröße ist fast beliebig. Wenn man 20-25 Leute mit Schlägern zusammenkriegt, kann man durchaus auf einem Fußballfeld spielen. Der Ball darf nur mit dem Schläger gedribbelt und geschlagen werden. Liegt er am Boden, muß er schnell zwischen Fuß und Schläger eingeklemmt und hochgeholt werden. Allerdings sollte man sich auf eine recht kleine Schußzone einigen, damit nicht aus allen Distanzen abgezogen wird, was nicht ungefährlich wäre. Auch die Tore sollte man sehr klein halten, dafür aber vielleicht ohne Torwart spielen. "Letzter-Mann-hält" wäre auch eine gute Lösung: Der jeweils dem Tor am nächsten stehende Spieler ist Torwart.

Technik

Die technische Vielfalt und Finesse, die Tennis so interessant macht, kann man sich schlecht anlesen. Einige ganz grundsätzliche Tips erleichtern die ersten Gehversuche:
Der Ball sollte nicht - wie beim Federball oder Tischtennis - aus dem Handgelenk gespielt werden. Der Spieler darf beim Schlag nicht zu nah am Ball stehen. Ist der Arm beim Schlagen zu stark angewinkelt, kann nicht präzise und schon gar nicht mit "Schmackes" geschlagen werden.

Adresse

Deutscher Tennis Bund
Hallerstraße 89
20149 Hamburg
Tel.: 0 40 - 41 17 80
Fax: 0 40 - 41 17 82 22

Streetball und andere coole Spielideen

Tischtennis

M an schätzt, daß unglaubliche **10 Millionen** Menschen in Deutschland relativ regelmäßig eine lächerlich kleine, weiße Zelluloidkugel mit einem etwas weniger winzigen, gumminoppenbezogenen Schläger auf einen grünen Klapptisch zwiebeln. Und seit deutsche Spieler dauerhaft in der Weltspitze mitmischen, wird das immer schlimmer: Tischtennis boomt! Das Phänomen an diesem filigranen Tischsport ist ja, daß er fast von der ersten Minute an Spaß macht und doch technische Abgründe birgt, die Profis ein Leben lang in ihren Bann schlagen. Hier ist wuchtiges Auftreten und Kraftmeierei gar nicht angesagt. Schnelligkeit prägt die Grundtugenden des Ping-Pong-Ahnen: Mit einem schnellen Auge, schnellen Reaktionen und der entsprechenden Schnellkraft im Handgelenk kann man hier weit kommen.

Spielidee

Geniale Asiaten hoben vor langer Zeit ein Spielfeld aus seinem erdigen Naturzustand heraus auf einen Tisch. Die zu überwindenden Strecken sind kürzer, d.h. es ist weniger Kraft und mehr Präzisionstechnik erforderlich. Aber die Ballwechsel wurden damit auch kürzer und schneller. Wie bei anderen so schön "Rückschlagspiele" genannten Sportarten geht es auch hier darum, den Ball so in die Spielhälfte des Gegners zu schlagen, daß er ihn nicht mehr zurückschlagen kann. Das Spiel beginnt mit dem Aufschlag, den der Aufschläger so auf seine Tischhälfte spielt, daß er über das Netz in die Tischhälfte des Gegners fliegt. Im weiteren Ballwechsel wird der Ball nicht mehr auf die eigene Plattenhälfte, sondern direkt in die gegnerische Hälfte gespielt. Er darf nicht volley gespielt werden, sondern erst nachdem er die Platte berührt hat. Das Aufschlagsrecht wechselt jeweils nach fünf Punkten. Beide Seiten können aber immer punkten, ob sie nun selber aufschlagen oder nicht (also nicht wie im Volleyball). Ein Satz ist mit 21 Punkten (mindestens 2 Punkte Vorsprung) gewonnen.

Der Ball:

Der Ball wurde im Laufe der Zeit immer kleiner und leichter. Inzwischen wird mit einem höchst empfindlichen, 2,5 g leichten Zelluloidball gespielt, der nicht nur willig jeden Effet annimmt, sondern obendrein auf bis zu 170 Km/h beschleunigt werden kann. Es gibt zahlreiche Markenbälle, die für Wettkampfzwecke verschiedene Prüfsiegel aufweisen müssen. Selbst diese Bälle kosten mit einem Stückpreis von DM 2,- bis 2,50 nicht die Welt. Für uns reichen aber Bälle, die für DM 0,50 bis 1,- zu haben sind, voll aus. Übrigens, Zelluloid arbeitet: Bleibt der Ball zu lange liegen, wird er porös und läßt sich nicht mehr anschneiden; bei Überhitzung verformt er sich zu einem unspielbaren Ei.

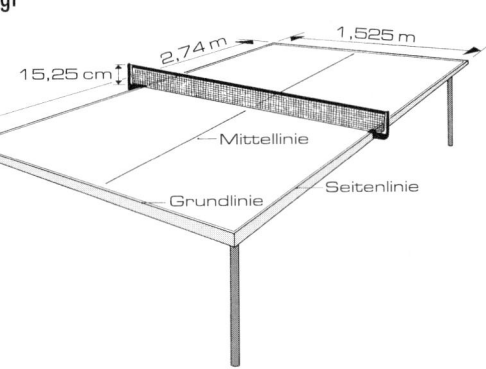

2,74 m   1,525 m

15,25 cm

Mittellinie

Grundlinie   Seitenlinie

Der Schläger:

Die Schlägerkunde von Tischtennisfreaks ist eine Wissenschaft für sich. Schnelle und langsame Beläge - wahlweise Noppen außen oder innen - werden mit allen möglichen Hölzern kombiniert. Für normales Freizeitspiel müssen wir uns da wirklich nicht reinarbeiten, sondern können einfach einen kompletten Schläger kaufen, der sich gut "anfühlt". Die Billigstversionen kosten sogar weniger als DM 10,-. Wer allerdings bereit ist, auch nur DM 20,- draufzulegen, erhält vermutlich einen hundertmal besseren Schläger. Hier sollten wir nicht an der falschen Stelle sparen.

Der Tisch:

Jeder kann sich selbst einen Tischtennis-Tisch bauen. Dann muß nur noch eine Netzgarnitur gekauft werden, die es ab DM 25,- gibt. Das Problem dabei ist die Oberfläche der Platte. Eine einfache Resopal-beschichtete Platte ist zwar eben, hat aber den Nachteil, den Effet des Balles überhaupt nicht anzunehmen. Der Ball hüpft dann hölzern herum und das Tischtennisspiel ist um einiges uninteressanter. Holzplatten müssen grundiert und äußerst sorgfältig eben geschliffen werden. Nicht wetterfeste Tischtennisplatten sind ab DM 190,-, wetterfeste kaum unter DM 500,- erhältlich.

Spielvarianten ohne Tisch

Garage: Hier wird in der Garage - vorausgesetzt sie ist nicht voll mit Regalen oder Gerümpel - Squash gespielt. In der Enge kann man die Vorteile des kleinen Schlägers und des leichten Balles voll ausspielen. Die squashüblichen Markierungen müssen in etwas anderen Maßen auf die Garagenwände übertragen werden.

Ping-Volley: Bei Wind kann diese Variante nicht gespielt werden. Hier gelten Volleyball-Regeln. Natürlich wird nicht gebaggert und gepritscht, sondern mit dem Schläger gespielt. Das Feld muß allerdings etwas kleiner bemessen werden, da die kleine Zelluloidkugel bei längeren Schlägen arg zu flattern anfängt und nicht mehr präzise zu handhaben ist.

streetball und andere coole Spielideen

Mühle: ist vermutlich die weitverbreitetste Spielvariante im Tischtennis. Hier müssen mindestens 4 Leute zusammenkommen, sonst läuft die Mühle nicht. Jeweils die Hälfte der Spieler steht Schlange vor jeder Kopfseite der Platte. Der erste Spieler schlägt eine Angabe rüber und läuft sofort um die Platte, um sich auf der anderen Seite anzustellen. Der Spieler, der die Angabe zurückgeschlagen hat, rennt auch sofort ans Ende der anderen Schlange usw.

Wichtig ist natürlich, daß die schlangestehenden Spieler den Abstand zur Platte und zum schlagenden Spieler wahren, den dieser braucht, um zu retournieren. Ein Spieler, der ohne von den anderen behindert worden zu sein, den Ball nicht richtig zurückbringt, scheidet aus. Je weniger Spieler in der Mühle sind, umso schneller wird sie! Die letzten beiden Spieler spielen bis 5 um den Sieg. Finden sich genug Spieler für zwei mindestens 4-köpfige Teams, kann Mühle auf Zeit gespielt werden. Dabei muß die Mühle so schnell und flüssig wie möglich laufen. Alle Spieler müssen dazu die Bälle so schlagen, daß sie erreichbar sind. Denn gewonnen hat das Team, das den Ball am längsten im Spiel halten kann.

Handicap: Hier sind der Phantasie keine Grenzen gesetzt. Die Grundidee ist, daß der Spieler ohne Aufschlagsrecht den Spielenden - also auch sich selbst - ein Handicap auferlegen kann. Dieses gilt dann für die nächsten 5 Punkte, danach kann der andere Spieler ein neues Handicap ausrufen. Das naheliegendste Handicap ist der Wechsel der Spielhand: Rechtshänder müssen jetzt mit links spielen, Linkshänder mit rechts. Aber auch die Auflage, eine Hand auf dem Rücken zu halten, stellt sich beim Spielen schon als Problem heraus. Denkbar ist auch, 5 Punkte auf einem Bein hüpfend hinter sich zu bringen.

Ping-Pong: Wir ändern hier nur eine einzige Regel: Der Ball wird prinzipiell so gespielt, wie er im Tischtennis sonst nur beim Aufschlag gespielt wird. Er muß also immer auf der eigenen Plattenhälfte aufkommen, bevor er das Netz überquert. Der auffälligste Unterschied zum normalen Spiel ist, daß die Schmetterbälle wegfallen. Damit wird es aber beileibe nicht öder, denn gleichzeitig wird jeder einzelne Schlag technisch anspruchsvoller, muß doch ein Denkschritt mehr eingelegt werden.

Der große Graben: Tischtennis ohne Netz und doppelten Boden. Das Netz wird abgebaut und die beiden Hälften des Platte 20-50 cm auseinander gezogen. Alle anderen Regeln bleiben bestehen. Wird der Ball in den Graben gespielt, wird das gewertet wie ein Netzfehler. Besonders fies ist hier, daß auch auf die jetzt sichtbare Schnittkante der gegnerischen Hälfte gespielt werden darf. Der Ball springt dann natürlich unrettbar zurück in den Graben, ohne das der Gegner ihn kriegen könnte. Wem das nicht gefällt, der kann ja die Regeln ändern. Sind die beiden Tischhälften erstmal voneinander getrennt, gibt es natürlich noch weitere Möglichkeiten, sie aneinander zu stellen. Besonders interessant ist es, sie diagonal aneinander zu stellen. Auch dabei fällt das Netz weg, und die Tischmarkierungen haben keine Bedeutung mehr.

Kreistisch: Ein runder Tischtennistisch mit zwei überkreuz gespannten Netzen eröffnet ganz neue Spielmöglichkeiten. Es gibt inzwischen tatsächlich Hersteller, die solche Tische (aus Acrylbeton) für DM 2500,- anbieten. Das muß aber nicht gleich sein. Jeder runde Wohnzimmertisch tut's auch, wenn mit etwas Vorsicht die Netz-Garnitur angebracht wird. Der leichte Ball hinterläßt keine Kratzer.

Der Tisch kann sowohl mit einem Netz in zwei Hälften geteilt werden als auch mit Kreide in vier Viertel. Zwei Netze überkreuz zu spannen ist etwas problematisch. Jetzt können entweder kreuzweise zwei Einzel gleichzeitig gespielt werden, oder aber ein Einzel wird gespielt, wobei in einer bestimmten Reihenfolge in die markierten Felder gespielt werden muß.

Adresse

Deutscher Tischtennis Bund
Otto-Fleck-Schneise 12
60528 Frankfurt
Tel.: 0 69 - 6 95 01 90
Fax: 0 69 - 69 50 19 13

Triball

Es gibt ja immer so unangenehme "Cracks", die in einer Sportart supergut sind und alles abräumen. Aber wenn mal was anderes gespielt wird, verdrücken die sich ganz schnell: "Nee, Fußball hab´ ich keine Lust ..." Damit ist jetzt Schluß! Das einzig faire Spiel ist das, in dem alle ihre Schokoladenseite zeigen können. Da ein einzelnes Spiel dazu nicht vielseitig genug ist, veranstalten wir am besten ein Turnier, auf dem alle Spieler in drei Spielen auftreten müssen.

Turnieridee

Es geht hier nicht darum, eine Mini-Olympiade abzu-ziehen, obwohl auch das klasse wäre. Hier soll mit ca. 10 bis 12 Leuten ein Turnier gemacht werden, das etwa 3 Stunden dauert. Welche Sportarten gespielt werden, hängt natürlich in erster Linie davon ab, welche Sport-geräte zur Verfügung stehen: So kann z.B. ohne Kör-be natürlich kein Basketball gespielt werden.... Sinn-voll ist es, sich drei Sportarten auszusuchen, die unter-schiedliche Fähigkeiten fordern, so daß jeder möglichst einmal in einem Bereich spielen muß, in dem er nicht so gut ist. Denkbar wäre z.B. eine Kombination von Fußball, Basketball und Badminton.
Alternativen wären: Fußball, Volleyball, Badminton oder Tennis, Volleyball, Wasserball oder Pétanque, Basketball, Fußball oder ....

Zählweise

Jeder Spieler zählt einzeln: Ein Spieler des im Basket-ball oder im Fußball erfolgreichen Teams darf sich 2 Punkte verbuchen. Jede gewonnene Paarung im Pétanque zählt 1 Punkt (maximal 4 Punkte). Es sind also 8 Punkte erreichbar.

Ablauf

Spielen wir doch mal den Ablauf der letzten Kombination durch. Das Gute an dieser Mischung ist, daß bei zwei Sport-arten richtig die Post abgeht und bei der dritten eher kon-zentrierte Ruhe gefragt ist. Sinnvollerweise sollte das ent-spannende Pétanque zwischen Fußball und Basketball ge-legt werden.

Fußball: Zwei 5er-Teams vorausgesetzt, wird auf einem ca. 25 m x 40 m großen Feld 2 x 20 Minuten gespielt. Ein Unentschieden gilt als solches und wird nicht durch Ver-längerung oder 11m-Schießen entschieden.

Pétanque: Gehen wir auch hier von 10 Spielern aus, dann werden fünf 2er-Teams gebildet. In zehn Paarungen spie-len sie gegeneinander. Jede Paarung besteht aus drei Spie-len auf die kleine Zielkugel, wobei jeder Spieler zwei Ku-geln hat. Gezählt werden alle Kugeln des bestplazierten Teams, die besser liegen als die beste Kugel des gegneri-schen Teams. Es können immer gleichzeitig zwei Paarun-

gen ausgespielt werden (Dauer ca.15-20 min). Ein Team muß dabei pausieren. Konkret sieht das so aus:
- *I.* — Team 1: Team 2 und 3:4 (Team 5 pausiert);
- *II.* — 5:1 und 2:3 (4 pausiert);
- *III.* — 4:1 und 5:2 (3 pausiert);
- *IV.* — 4:5 und 1:3 (2 pausiert);
- *V.* — 2:4 und 3:5 (1 pausiert).

Für andere Spielerzahlen kann der Anhang (S.106-116) bei der Turnierplanung behilflich sein.

Basketball: Entweder "reine" Spielzeit 2 x 10 Minuten oder 2 x 15 Minuten. Die Lauffaulen können natürlich auch 5 on 5-Streetball auf einen Korb spielen.

Adresse

Deutscher Sport-Bund
Otto-Fleck-Schneise 12
60528 Frankfurt
Tel.: 069 - 670 00
Fax: 069 - 67 49 06

coole Spielideen für Triball und andere

Ultimate

Ketzer behaupten, das einzig Ergötzliche beim Spiel mit der Plastikscheibe wäre das Luftkissen, auf dem sie dahingleitet. Sich immer wieder an der Tatsache zu erfreuen, daß das Frisbee echt fliegt, sei ja wohl ein bißchen mager und zu wenig für eine geile Team-Sportart. Ultimate sollte diese Feinde des Scheibenspiels zum Schweigen bringen. Hier wurde ein Spiel irgendwo zwischen Basketball und American Football entworfen, das die Möglichkeiten des Frisbee von zwei Teams optimal ausspielen läßt. Stärker als beim duellartigen Guts geht es hier um Teamgeist und strategischen Spielaufbau und weniger um die perfekte technische Beherrschung der Scheibe.

Foto: Hartmut Wahrmann

Spielidee

Gepunktet wird, indem die Frisbeescheibe in der gegnerischen Endzone gefangen wird.

Anders als im American Football oder im Rugby soll die Scheibe aber nicht mit kämpferischer Gewalt durch die Reihen der Gegner dahin getragen werden. Lauf- und Paßspiel ohne direkten Kontakt mit den Gegenspielern ist hier der Schlüssel zum Erfolg. Aus dem Verbot des direkten Körperkontakts folgt natürlich, daß die Spieler nicht mit der Scheibe laufen dürfen, sonst wäre Ultimate kein Spiel, sondern ein bloßer Frisbee-Beförderungsdienst.

Spielverlauf

Bei den inzwischen auch offiziell gespielten Ultimate-Turnieren besteht jedes Team aus 7 Spielern. Das eigentliche Spielfeld mißt 35 m x 55 m. Hinter den Grundlinien liegen die Endzonen, die nochmal 25 m tief sein sollten. Beim Anwurf stehen beide Teams hinter ihrer Grundlinie. Das anwerfende Team wirft so weit wie möglich ins Feld hinein. Das andere Team rennt nach erfolgtem Abwurf auf die fliegende Scheibe zu und versucht, sie so schnell wie möglich zu fangen, um sofort einen Angriff zu beginnen. Auch das anwerfende Team ist sofort der abgeworfenen Scheibe hinterher-

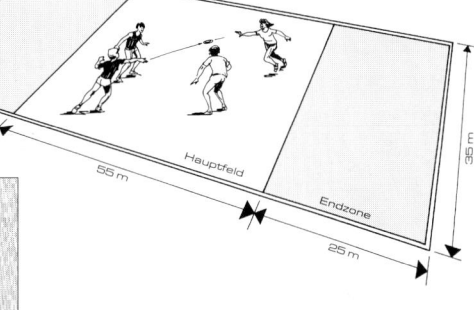

gerannt. Nicht, um sie selbst wieder zu fangen, sondern um den zu erwartenden Angriff so früh wie möglich zu stören. Ein Team verliert den Scheibenbesitz, wenn sie die Scheibe auf den Boden fallen läßt, die Scheibe ins Aus spielt oder wenn ein Spieler die Scheibe nachdem ein Gegenspieler "Zeitspiel" gerufen hat, länger als 15 Sekunden festhält. Nach jedem Punkt wechseln die Teams ihre Spielrichtung. Der nächste Abwurf erfolgt von dem Team, das vorher gepunktet hat. Gespielt wird zweimal 24 Minuten. Unentschieden gibt's nicht: Es wird immer um 5 Minuten verlängert, bis ein Team führt.

Spielvarianten

Goal-Getter: Hier werden die Regeln des Ultimate mit denen des Handball-Spiels gekoppelt. Vom Ultimate wird übernommen, daß man mit Scheibe nicht laufen darf und daß kein direkter Körperkontakt zwischen den Spielern erlaubt ist. Aus dem Handball-Regelwerk wird der Wurfkreis, das Tor und natürlich das Toreschießen entliehen. Die Endzone entfällt. Die Torgröße kann beliebig variiert werden. Die Spieler können sich auch auf ein so kleines Tor (z.B. ein Getränkekasten) einigen, daß sie ohne Torwart spielen können. Der Radius des Wurfkreises ist natürlich abhängig von der Torgröße und der Frage, ob mit Torwart gespielt wird oder ohne.

Ultimate-Run: Diese Variante ist ganz leicht vom Rugby inspiriert. Es darf mit der Scheibe gelaufen werden, aber nur bis ein Gegenspieler den Scheibenträger abschlägt. Das Team des abgeschlagenen Scheibenträgers verliert die Scheibe. Ein mit Scheibe stehender Spieler kann nicht abgeschlagen werden. Zwangsläufig ergibt sich daraus ein dem Rugby verwandter Spielverlauf: Der Frisbeeträger muß immer von sich anbietenden Mitspielern begleitet werden, damit er abspielen kann, wenn er abgeschlagen zu werden droht. Abgespielt wird nur nach hinten.

Ultimate-Catch: Hier wird nicht im eigentlichen Sinne gepunktet. Beide Teams stehen in einem beliebig großen Spielfeld ohne Tore oder Endzonen. Kein Spieler darf die Scheibe länger als 5 Sekunden halten. Die Spieler dürfen sich zwar gegenseitig behindern, aber dabei nicht berühren. Ziel ist es, die Scheibe so lange wie möglich in den eigenen Reihen zu halten.

Taktik

Wer wenig laufen will, muß umso besser werfen können. Da sich aber niemand dauerhaft auf seine genialen Würfe zur rechten Zeit verlassen kann und man auch nicht immer nur die anderen für sich laufen lassen kann, gilt: Ohne großes Laufpensum gewinnt ein Team im Ultimate keinen Blumentopf. Wenn sich beim angreifenden Team nicht alle Mitspieler permanent bewegen und anbieten, ist überhaupt kein Raumgewinn, geschweige denn das Erreichen der gegnerischen Endzone, möglich. Die Verteidiger müssen immer darauf aus sein, einen Paß abzufangen und sofort von der Deckungsarbeit umzuschalten zum vorstürmenden Freilaufen. Als Grundtaktiken gibt es einerseits die Manndeckung, andererseits die Raumdeckung. Vorsicht ist für all jene geboten, die vom Fußballspielen geprägt sind, denn Abseits gibt es hier nicht! Immer wieder sollte schnelles Kurzpaßspiel mit tödlich langen Pässen direkt in die Endzone variiert werden.

Adresse

Deutscher Frisbee-Sportverband
Gert Rosenowski
Am Stadtrand 20
26127 Oldenburg
Tel.: 0441 - 30 49 101

Unihoc

Hockey spielen zwar so viele, daß man es fast einen Volkssport nennen könnte, aber gleichzeitig hat es noch den Touch des Elitären. Bisher wurde Hockey nie "nur mal so" auf der Wiese gespielt. Warum eigentlich nicht? Manche munkeln, man könne Hockey nur im Verein spielen. Anderen scheint dieser kleine, sauharte Ball eher ein gemeingefährliches Geschoß als ein Spielgerät zu sein. Unihoc ist die Spaßvariante, die alle Vorzüge des Hockeyspiels bewahrt und dabei ohne viel Aufwand und ohne den Knochenbrecher-Ball zu spielen ist. Daß es dabei ein technisch anspruchsvolles Spiel geblieben ist, wo gut die Post abgeht, belegen die wuchernden Unihoc-Spielzirkel allerorten.

Spielidee

Die Grundidee des Hockeyspiels bleibt natürlich erhalten: Der Ball darf nur mit dem Schläger gespielt werden, und die zwei Teams punkten, indem sie den Ball in das Tor des Gegners bringen. Beim offiziellen Feldhockey ist um das Tor herum ein Schußkreis (14 m Radius) markiert. Nur in diesem Kreis darf da auf das Tor geschossen werden: Weitschüsse sind nicht zuletzt wegen der Verletzungsgefahr verboten. Beim Unihoc ist diese Gefahr aber nicht gegeben, da mit einem anderen Ball gespielt wird (dazu gleich mehr). Hier ist oft ein kleinerer Kreis um das Tor gezogen, der genau die umgekehrte Funktion hat: Er darf wie beim Handball nicht betreten werden.

Die Teams

Stehen beim offiziellen Hockey noch 22 Spieler auf dem Feld, spielen beim Unihoc zwei 4-7-köpfige Teams gegeneinander. Unihoc muß nicht mit Torwart gespielt werden. Da die Tore viel kleiner sind als im Vereinshockey, kann auch beim Spiel ohne Torwart nicht aus allen Positionen draufgehalten werden. Wird mit Torwart gespielt, kann jeder Spieler zeitweise diese Position übernehmen, da ein Unihoc-Torwart nicht die Wahnsinns-Rüstung eines normalen Hockey-Keepers braucht.

Ausrüstung

Das Wichtigste ist natürlich der Schläger und der Ball. Wie schon angedeutet, wird nicht mit dem 160 g schweren, knallharten Hockeyball gespielt, sondern mit einem durchlöcherten Plastikhohlball mit 7 cm Durchmesser, der nur knapp die Hälfte wiegt. In der Halle kann auch mit einem besonders leichten Puck gespielt werden. Die Schläger sind nicht aus Holz, sondern aus Plastik und entsprechend leichter. Die Schlagfläche ist auch nicht an einer Seite abgerundet, sondern auf beiden Seiten flach. Die Bälle kosten schlappe DM 2,50, die Schläger sind zwischen DM 15,- und 25,- zu haben. Es werden aber auch komplette Sets mit 12 Schlägern und Bällen ab DM 200,- angeboten. Praktisch sind auch sogenannte Unihoc-Tore, die mit 60 cm x 90 cm um DM 180,- und mit 1 m x 1,40 m an die DM 300,- kosten. Kommen regelmäßig 10-12 Freunde zusammen, ist das schon erschwinglich.

Spielvarianten

Rollhoc: Man kann diese entschärfte Hockey-Version natürlich auch auf Rollschuhen spielen, vorausgesetzt man findet einen leeren Parkplatz oder eine vergleichbare Fläche. Zwangsläufig muß man dann aber einige Regeln aus dem Eishockey übernehmen, z.B. eine gewisse Auslaufzone hinter den Toren.

Shoot-out: Jedes Team hat hier nur eine begrenzte Anzahl (3-5) von Ballberührungen je Spielzug. Mit der letzten Ballberührung muß ein Schuß auf das Tor erfolgen. Die Verteidiger dürfen sich dem Schützen nur entgegenstellen, wenn er sich im letzten Drittel des Spielfeldes befindet. Vorher dürfen sie natürlich ganz normal die gegnerischen Aktionen stören. Konnte das angreifende Team mit seinen 3-5 Ballberührungen nicht bis in das gegnerische Tor-Drittel vorstoßen, darf es seinen Schuß frei ausführen. Das letzte Zuspiel wird gestoppt, und innerhalb von 5 Sekunden muß geschossen werden, also ohne langes Zielen oder Anlauf nehmen.

Panik-Hoc: Durch eine kleine Regel gewinnt das Spiel enorm an panischem Potential. Der Ball darf nur nach vorne gespielt werden. Wird er nach hinten gespielt, erhält das andere Team einen Freistoß. Sofort wird sich die gute alte "Kick and Rush"-Taktik aus Britannien durchsetzen: Den Ball erstmal nach vorne schlagen, volle Pulle hinterher rennen und gucken was sich ergibt. Das ist nicht unbedingt intelligent, macht aber anarchischen Geistern große Freude.

Spielfeld und Spielverlauf

Das Spielfeld sollte natürlich den Team-Größen angepaßt werden. Spielt man mit 5er-Teams, sollte das Feld schon 20 m x 40 m groß sein. Beim Spiel ohne Torwart spielt man mit entsprechend kleinen Toren oder erlaubt Torschüsse nur in einem Schußkreis mit 5 m-Radius. Spielt man mit Torwart, zieht man entweder wie gesagt einen Handball-Kreis, den niemand betreten darf, oder läßt alle Schußbeschränkungen fallen. Angespielt wird am Mittelpunkt. Geht der Ball ins Seitenaus, wird er an Ort und Stelle vom anderen Team wieder ins Spiel gebracht. Spielt die verteidigende Mannschaft den Ball hinter die eigene Grundlinie, schießt man nicht die im Hockey übliche kurze Ecke, sondern eine Ecke wie beim Fußball. Aktionen mit dem Schläger dürfen immer nur auf den Ball gehen, nie auf den Spieler. Wird ein Gegenspieler mit oder ohne Schläger zu Fall gebracht, weggerempelt oder festgehalten, gibt es einen Freistoß. Sollte mit dem Foul ein Torschuß verhindert werden, gibt es einen Strafstoß aus angemessener Entfernung.

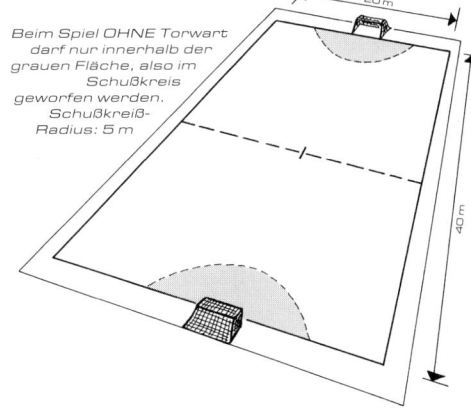

Beim Spiel OHNE Torwart darf nur innerhalb der grauen Fläche, also im Schußkreis geworfen werden. Schußkreiß-Radius: 5 m

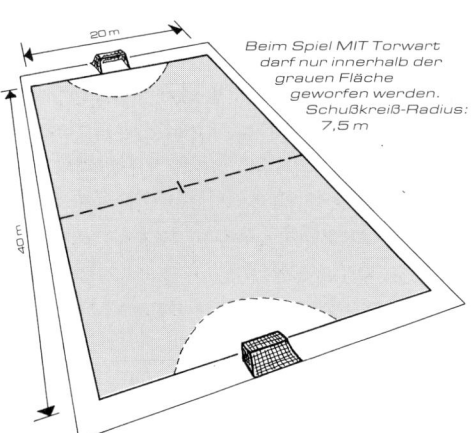

Beim Spiel MIT Torwart darf nur innerhalb der grauen Fläche geworfen werden. Schußkreiß-Radius: 7,5 m

Adresse

Deutscher Hockey-Bund
Theresienhöhe
50354 Hürth
Tel.: 0 22 33 - 4 50 45/47
Fax: 0 22 33 - 4 30 44

Unterwasser-
Rugby

E in exotischer Sport, sicher. Unterwasser-Rugby kann eben nur beim Mitspielen kennengelernt werden, denn Zugucken ist nicht. Mehr als die eine oder andere heraufblubbernde Luftblase ist vom Beckenrand aus nicht zu sehen. So etwas verkauft sich nicht gut und wird folglich nie im Fernsehen zu sehen sein. Wie schön. Aber der Sport ist auch in anderer Hinsicht anspruchsvoll: Kraft, nochmal Kraft, eine unbändige Liebe zum nassen Element und Kondition sind gefordert.

Spielidee

Das Spielfeld ist 8-12 m breit, 12-18 m lang und 3,50-5 m tief. Hier beackern die beiden tauchenden Teams wirklich die drei Dimensionen. Die 2 x 6 Spieler (5 im Feld, einer als "Torhüter") im Becken tragen die sogenannte ABC-Ausrüstung. Dazu gehören Gummiflossen, Tauchermaske und Schnorchel. Der Schnorchel ist die Voraussetzung für die ständige Teilnahme aller Spieler am Spielgeschehen. Nur mit Schnorchel können die Spieler zur Wasseroberfläche aufsteigen, Luft holen und doch die Augen in der Tiefe halten. Durch die Flossen wird Unterwasser-Rugby tierisch schnell. Die Kraft, die die Spieler mit den Flossen umsetzen können, verschärft natürlich auch die Zweikämpfe. Damit der Ball überhaupt spielbar ist, wird er mit Salzwasser gefüllt, das schwerer ist als das Süßwasser des Beckens. Er wird so austariert, daß er in einer Sekunde ca. 50 cm sinkt. So ist es möglich, ihn unter Wasser über 3-4 m zu passen. Gepunktet wird, indem der Ball in am Beckenboden fest montierte Körbe (45 cm hoch, 50 cm Durchmesser) an den Grundlinien eingelegt wird.

Spielverlauf

Am Anfang des Spiels, zu Beginn jeder der 15minütigen Halbzeiten und nach jedem Tor liegt der Ball in der Mitte des Feldes auf dem Beckenboden. Nach einem vom Schiedrichter gegebenen akustischen Signal sprinten beide Teams von ihrer Torwand aus zum Ball. Meist ist hier schon das erste Gerangel angesagt. Unterwasser-Rugby wird zwar hart gespielt, aber die Regeln müssen der Tatsache Rechnung tragen, daß unter Wasser gespielt wird. Jeder Angriff auf die Maske, den Schnorchel oder die Flossen ist strikt untersagt. Aber auch alles, was einen Spieler länger unter Wasser zwingen könnte als seine Luftreserven zulassen, ist selbstverständlich zu vermeiden: z.B. das Niederdrücken eines Gegenspielers, ebenso das Festhalten an der Badehose oder an Armen und Beinen. Schlagen und Treten ist auch nicht angesagt. Je nach Schwere und Bösartigkeit eines Fouls wird es mit Freiwürfen, Strafwürfen oder Zeitstrafen geahndet. Die Torhüter dürfen sich übrigens nicht am Tor festhalten, um nicht immer gegen ihren natürlichen Auftrieb ankämpfen zu müssen. Sie müssen das Spielgeschehen an der Wasseroberfläche verfolgen und nicht zu früh abtauchen, um das Tor sauber zu halten, weil sonst just dann gepunktet wird, wenn sie Luft schnappen sind ...

Spielvarianten

Sub-Soft: Wer ein weniger inniges Verhältnis zum Wasser im allgemeinen und zum Raufen unter Wasser im besonderen hat, bevorzugt sicher eine nicht so ruppige Spielvariante. Der Ballträger darf hier nicht attackiert werden, dafür darf er aber auch nicht mit dem Ball schwimmen. Sobald ein Spieler den Ball annimmt, muß er aufhören zu paddeln und sich schleunigst umgucken, wohin er innerhalb von 5 Sekunden passen könnte. Hier kommt es wesentlich stärker auf Kombinationsspiel als auf massive Durchsetzungskraft an. Gespielt wird ohne Torhüter. Kommt es nach 1 Minute nicht zu einem Tor, wechselt der Ballbesitz.

Two on Two: Hier spielen zwei 2er-Teams gegeneinander. Das Spielfeld mißt ca. 10 m x 10 m. Ziel ist nicht, das Spielgerät - sei es ein Salzlaken-Ball oder ein Ring - in ein Tor zu versenken, sondern aus einer gewissen Distanz in ein Feld zu werfen. In den letzten 2 m auf zwei gegenüberliegenden Seiten dürfen die Spieler nicht schwimmen. In der Mitte auf der Grundlinie sollte eine kleine Zone (Reifen oder einfach bestimmte Kacheln auf dem Beckenboden) erkennbar sein, in der das Spielgerät landen muß.

Foto: VDST, Jürgen Warnecke

Ausrüstung

Das größte Problem für Interessierte, die keinen Kontakt zu einem der eher seltenen Unterwasser-Rugby-Vereine haben, dürfte der mit Salzlake zu füllende Ball sein. Am ehesten zu ersetzen ist der mit einem nicht zu leichten Gummi- oder PVC-Ring. Ein PVC-Ring mit 31 cm Durchmesser und 5 kg Gewicht kostet allerdings schon an die DM 50,-. Tauchmasken kosten um die DM 15,-, Schnorchel sind mit ca. DM 10,- sogar noch günstiger. Auch Flossen müssen nicht mehr als DM 20,- kosten. Die Ausrüstung ist also insgesamt relativ billig. Jetzt müßt Ihr nur noch einen netten Bademeister auftun, der Euch zumindest einen Teil seines Beckens für eine halbe Stunde zur Verfügung stellt. Anstelle der Tore können Reifen versenkt werden, in denen das Spielgerät abgelegt werden muß.

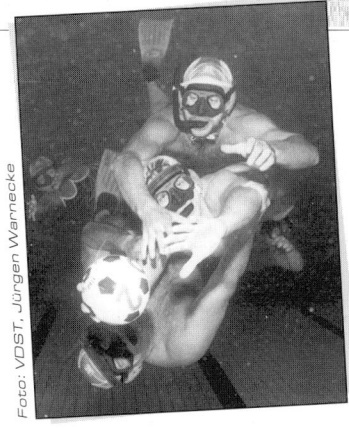

Foto: VDST, Jürgen Warnecke

coole Spielideen

Adresse

Verband Deutscher Sporttaucher e.V.
Tannenstr. 25
64546 Mörfelden-Walldorf
Tel.: 0 61 05 - 96 13 02
Fax: 0 61 05 - 96 13 45

Völkerball

Ein absoluter Klassiker unter den Ballspielen! Wer jetzt meint, das sei Kinderkram, Ringelpiez-mit-Anfassen oder so, ja der hat einfach zu lange nicht mehr gespielt. Völkerball kann als ein Jagdspiel bezeichnet werden, und der schnelle Rollentausch zwischen Jägern und Gejagten macht die Jagd erst so richtig sauspannend. Präzise, gar nicht unbedingt hart muß man hier werfen können. Man muß gewandt sein, sich winden und wach reagieren können.

Spielidee

Je mehr desto besser: Zwei mindestens 10-köpfige Teams spielen auf einem Spielfeld von 8-15 m x 12-22 m. Je nach Alter und Wurfstärke der Spieler kann man die Feldgröße natürlich beliebig variieren. Das Spielfeld ist durch eine deutlich sichtbare Mittellinie geteilt. Bis auf einen Spieler stehen beide Teams in ihren eigenen Spielhälften. Jedes Team hat einen Strohmann. Der steht außerhalb des Spielfeldes und zwar hinter dem gegnerischen Team. Team und Strohmann werfen sich den Ball zu. Die Feldspieler eines Teams müssen versuchen, die Feldspieler des anderen Teams abzuwerfen. Fangen die Beworfenen den Ball aber auf, vertauschen sich sofort die Rollen und die Jäger sollten das Weite (natürlich nur innerhalb des eigenen Feldes) suchen.

Spielverlauf

Die Spieler in der anderen Hälfte können nur abgeworfen werden, wenn der Ball direkt gefangen wurde: Aufsetzer, die zuerst den Boden berührt haben, zählen nicht. Auch wenn ein Ball von einem direkt getroffenen Spieler, ohne den Boden zu berühren, auf einen zweiten Spieler trifft, gilt der zweite nicht als abgeworfen! Wenn aber der vom direkt getroffenen Spieler abprallende Ball von seinem Mitspieler geschnappt wird (natürlich auch ohne den Boden zu haben), gilt auch der direkt Getroffene als nicht abgeworfen. Kopftreffer zählen überhaupt nicht. Die abgeworfenen Spieler müssen vom Feld und gesellen sich hinter die gegenüberliegende Grundlinie zu ihrem Strohmann. Oft wird vereinbart, daß der Strohmann nicht abwerfen darf. Seine nach und nach zu ihm stoßenden, abgeworfenen Mitspieler allerdings dürfen auch von hinten abwerfen. Jetzt geht Völkerball erst richtig los: Wenn ein Team am hinteren Spielfeldrand abwurfberechtigte Mitspieler hat, ist das andere Team von beiden Seiten bedroht.

Außenspieler **A**

Außenspieler **B**

Mannschaft **B**

Mannschaft **A**

Zeichnung: Döbler - Kleine Spiele

Es wird so lange hin und her gescheucht, bis sich eine günstige Abwurfsituation ergibt. Wer dem Abwurf nur entgeht, indem er ins Aus tritt, gilt als abgeworfen. Tritt ein Werfer über, muß er den Ball abgeben. Falls er schon geworfen hat, ist sein Wurf ungültig. Geht ein Ball ins Seitenaus, kriegt das andere Team den Ball. Übrigens sollte man Völkerball nicht mit einem kleinen, schweren Ball (Tennis- o. Squashball) spielen, mit dem man so richtig "abziehen" kann. Es ergeben sich immer wieder Würfe aus nächster Nähe, und die sind mit solchen Bällen gar nicht mehr witzig. Fußbälle und Volleybälle sind gut, ein Basketball ist für Völkerball allerdings wieder etwas zu schwer.

Spielvarianten

Quadro-Hunt: Diese Variante macht den gesamten Spielverlauf wesentlich schneller und auch ein wenig chaotischer. Die abgeworfenen Spieler stellen sich nicht nur hinter die gegenüberliegende Grundlinie, sondern postieren sich nach und nach auch an den Seiten der gegnerischen Spielhälfte. Das Team in Ballbesitz kann jetzt also ganz flott im Viereck um die gegnerischen Feldspieler herum passen, so daß die Gejagten gar nicht mehr recht wissen, wohin sie denn noch fliehen sollen.

Military: Hier stellt man einige Hindernisse in die Spielfeldhälften. Die Hindernisse sollten relativ groß und sperrig, also echte Hindernisse sein. So könnte man ein Spielfeld um Bäume herum markieren. Große Mülltonnen sind auch gut geeignet. Dadurch wird zwar das Ausweichen um einiges schwieriger, aber zugleich bieten die Hindernisse eine gewisse Deckung für die Gejagten. Allerdings sollten in beiden Feldhälften möglichst gleiche Hindernisse aufgestellt sein, damit kein Team benachteiligt ist.

Zählweise

Da gibt es verschiedene Möglichkeiten:
• Das Team, das zuerst keinen Feldspieler mehr hat, ist der Verlierer des Matchs. Um das Spielende noch mal richtig spannend zu machen, kann man Folgendes vereinbaren: Wenn der letzte Feldspieler eines Teams abgeworfen wurde, kommt der Strohmann ins Feld. Er hat drei Leben, d.h. er muß dreimal getroffen werden, bis er als abgeworfen gilt. Dabei besteht durchaus die Möglichkeit, daß der Strohmann das Spiel noch mal wendet, denn er kann ja die gegnerischen Feldspieler auch seinerseits abwerfen.
• Man kann Völkerball auch auf Zeit spielen. Das Team, das nach Ablauf der Zeit noch die meisten Spieler im Feld hat, siegt.
• Man einigt sich auf einen Endpunktestand, spielt dann z.B. bis 5 oder bis 10. Das Team, das zuerst 5 oder 10 gegnerische Spieler abgeworfen hat, gewinnt.

Adresse

Deutscher Turner-Bund
Otto-Fleck-Schneise 8
60528 Frankfurt
Tel.: 0 69 - 67 80 10
Fax: 0 69 - 67 80 179

coole Spielideen

Wasserball

Wasserball sei eine der härtesten Mannschafts-sportarten, teilt uns der Sport-Brockhaus zwischen väterlicher Ermahnung und markiger Anerkennung mit. Aber nu, das muß doch nicht sein. Auch Wasserball ist natürlich nur so hart, wie wir es wollen. Richtig ist allerdings, daß Kondition und Kraft hier schon in einem gewissen Maß gefordert sind. Das permanente Paddeln, Kraulen, im Wasser aufbäumen, Schnappen und Werfen schlaucht so schon genug, auch ohne allzu harte Gangart der werten Mitspieler.

Spielidee

Zwei Teams spielen im mindestens 1,80 m tiefen Wasser auf zwei Tore. Gespielt werden vier mal 5 oder 7 Minuten. Wem das zu kurz vorkommt, der sollte nur mal ein paar Minuten locker schwimmen und dabei einen 450g Ball hin- und herpassen... Die Spielzeit ist außerdem "rein", d.h. bei jeder Spielunterbrechung wird die Zeit gestoppt. Das offizielle Spielfeld ist 20 m x 30 m groß, was bedeutet, daß man recht lange Strecken schwimmen muß.

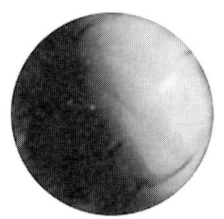

Das Tor ist 3 m breit und 90 cm hoch. Ein Team besteht aus 11 Spielern, wobei allerdings nur 7 im Wasser sind. Die vier Ersatzspieler können nach einem Torerfolg, bei Verletzungen und am Ende jedes Viertels eingewechselt werden.

Grundregeln

Durchaus im Sinne des Regelwerks ist, daß es recht ruppig zur Sache geht beim Wasserball. Auch hier gilt: Je härter eine Sportart ist, desto wichtiger ist die Einsicht der Spieler in das Fair play. Direkte Gegenspieler schwimmen auch schon mal auf- und übereinander und tauchen den Ballträger wenn möglich auch unter, bis der Ball freigegeben ist. Aber alles ist nun nicht erlaubt. Schlagen und Treten des Gegners sowie das Fausten des Balles sind verboten.

Der Torwart hat als einziger Spieler das Recht, den Ball mit beiden Händen festzuhalten oder ihn innerhalb des 4 m-Bereichs vor seinem Tor zu fausten. Bei jedem anderen Spieler führt das zu einem Freiwurf. Damit die knappe Spielzeit nicht mit endlosem Geplänkel vertan wird, muß ein Team nach 35 Sekunden Ballbesitz auf das gegnerische Tor werfen, sonst erhält das andere Team einen Freiwurf. Allerdings zählt ein Torwurf nur, wenn vorher schon mindestens zwei Mitspieler den Ball berührt haben. Harte Fouls zur Verhinderung von Torwürfen werden mit einem Strafwurf von der 4 m-Linie geahndet.

Spielvarianten

Selbstverständlich müssen keine sündhaft teuren Wasserball-Tore und Schwimmleinen gekauft werden. Eine leere Plastikflasche, beschwert mit einem Stein an einer Kordel, reicht als Torpfosten völlig aus. Im Schwimmbad können die Tore auch am Beckenrand markiert werden.

Easy-Man: Wie gesagt, man muß das ja alles nicht so eng sehen mit der "härtesten Sportart". Die ganze Sache wird schon entschieden gemächlicher, wenn man eine Wasserhöhe von 1,60 m nicht überschreitet. Um sich fortzubewegen, muß dann zwar immer noch geschwommen werden, aber man kann doch zwischendurch mal stehen und sich entkrampfen. Zusätzlich entspannen kann man das Spiel durch ein Verbot jeglichen direkten Körperkontakts (also, nix mit Döppen!). Auch die Auswahl eines leichteren Balles bringt eine ziemliche Erleichterung, denn das knappe Pfund des Originalballes ist auf die Dauer recht schwer zu beschleunigen. Die 35 Sekunden-Regel sollte man allerdings nicht voreilig aufheben, da sie wirklich das Spiel davor bewahrt, öde zu werden, wenn das nasse Element beginnt, an den Kräften zu zehren.

Volley-Wasserball: Mit Laszlo Sarossi hat sich einer der alten ungarischen Wasserball-Größen für diese Kombination von Wasserball und Volleyball stark gemacht. Vom Volleyball wird hier die Teilung des Spielfelds (5 m x 10 m) und damit natürlich auch der Teams übernommen. Darüber hinaus gilt die Volleyball-Zählweise einschließlich der Aufschlagsregeln. Also fallen alle Rangeleien weg. Auch wird der Ball beim Volley-Wasserball nicht mehr geworfen oder auf dem Wasser schwimmend vor sich her getrieben, sondern wie beim Volleyball gespielt. Als Zugeständnis an die Bedingungen des Spiels im Wasser müssen die Teams den Ball erst mit der 4. Ballberührung zurück übers Netz spielen. Je tiefer das Wasser ist, desto niedriger ist das Netz. Grob gesprochen, gilt folgendes: Kann man nicht mehr stehen, ist das Netz 1 m hoch; hat man festen Boden unter den Füßen, sollte es schon 1,50 m haben.

Wasser-Basketball: Es gibt tatsächlich Wasserkörbe zu kaufen (ca. DM 100,-), aber man kann natürlich auf jeden schwimmfähigen Ring spielen. Da es schwierig ist, im Wasser die Zone zu markieren, sollte man die Regel aufstellen, daß niemand näher als 1-3 m (bzw. je größer der Ring, desto weiter die Distanz) an den Korb herankommen darf. Grenzfälle wird man auch hier nicht vermeiden können.

Brennball sollte man nur in hüfthohem Wasser spielen. Wenn man im Wasser nicht stehen kann, werden die Spieler sonst ausschließlich am Kopf getroffen. Außerdem können sich die Spieler bei einer Wasserhöhe von 1-1,30 m richtig geil fletschen. Wegtauchen gilt zwar, bringt aber meist nicht viel, da der Werfer nur auf den Taucher zu warten braucht und ihn beim Auftauchen wie eine reife Traube abschießen kann.

Ein Wasserkorb (ca. DM 100,-)

Adresse

Deutscher Schwimm-Verband
Herr Wienkötter
Korbacher Straße 93, 34132 Kassel
Tel.: 05 61 - 94 08 30
Fax: 05 61 - 9 40 83 15

coole Spielideen
und andere

Spielpaarungen & Turniersysteme

Der folgende Anhang soll als nützliche Hilfestellung zur Ausrichtung von kleineren und nicht mehr ganz kleinen Turnieren dienen.
Für Turniere mit 3-10 Teams haben wir einfach die Spielpaarungen aufgelistet, die gespielt werden müssen, damit jedes Team einmal auf alle anderen trifft.
Zum Schluß werden noch Turnierverlaufspläne zweier verschiedener Turniersysteme vorgestellt.
Die Ausrichtung von Turnieren, sei es auf Geburtstagsfeiern oder vieltägigen Sportveranstaltungen, wird damit sichtlich erleichtert.

Spielpaarungen der 3er-Gruppe

Spiel Nr.	Mannschaft	Mannschaft	Ergebnis
1	Nr.1	Nr.2	__:__
2	Nr.1	Nr.3	__:__
3	Nr.2	Nr.3	__:__

Coole Spielideen

4er-Gruppe
5er-Gruppe

Spielpaarungen der 4er-Gruppe

Spiel Nr.	Mannschaft	Mannschaft	Ergebnis
1	Nr.1	Nr.2	__ : __
2	Nr.3	Nr.4	__ : __
3	Nr.4	Nr.1	__ : __
4	Nr.2	Nr.3	__ : __
5	Nr.1	Nr.3	__ : __
6	Nr.2	Nr.4	__ : __

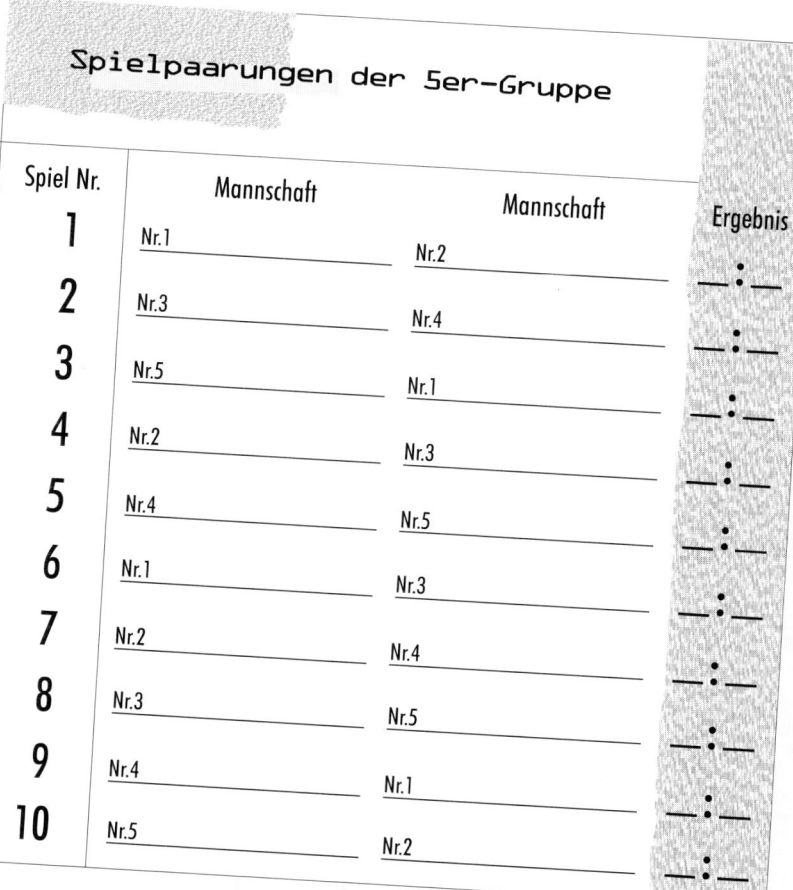

Spielpaarungen der 5er-Gruppe

Spiel Nr.	Mannschaft	Mannschaft	Ergebnis
1	Nr.1	Nr.2	__ : __
2	Nr.3	Nr.4	__ : __
3	Nr.5	Nr.1	__ : __
4	Nr.2	Nr.3	__ : __
5	Nr.4	Nr.5	__ : __
6	Nr.1	Nr.3	__ : __
7	Nr.2	Nr.4	__ : __
8	Nr.3	Nr.5	__ : __
9	Nr.4	Nr.1	__ : __
10	Nr.5	Nr.2	__ : __

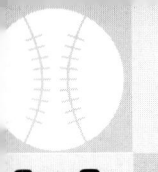

6er-Gruppe

Spielpaarungen der 6er-Gruppe

Spiel Nr.	Mannschaft	Mannschaft	Ergebnis
1	Nr.1	Nr.2	__ : __
2	Nr.3	Nr.4	__ : __
3	Nr.5	Nr.6	__ : __
4	Nr.2	Nr.3	__ : __
5	Nr.6	Nr.1	__ : __
6	Nr.4	Nr.5	__ : __
7	Nr.3	Nr.6	__ : __
8	Nr.1	Nr.5	__ : __
9	Nr.2	Nr.4	__ : __
10	Nr.5	Nr.3	__ : __
11	Nr.6	Nr.2	__ : __
12	Nr.4	Nr.1	__ : __
13	Nr.2	Nr.5	__ : __
14	Nr.4	Nr.6	__ : __
15	Nr.1	Nr.3	__ : __

coole Spielideen

Streetball und andere

Spielpaarungen der 7er-Gruppe

Spiel Nr.	Mannschaft	Mannschaft	Ergebnis
1	Nr.1	Nr.2	__ : __
2	Nr.3	Nr.4	__ : __
3	Nr.5	Nr.6	__ : __
4	Nr.7	Nr.1	__ : __
5	Nr.2	Nr.3	__ : __
6	Nr.4	Nr.5	__ : __
7	Nr.6	Nr.7	__ : __
8	Nr.1	Nr.3	__ : __
9	Nr.2	Nr.4	__ : __
10	Nr.5	Nr.7	__ : __
11	Nr.3	Nr.6	__ : __
12	Nr.4	Nr.1	__ : __
13	Nr.5	Nr.2	__ : __
14	Nr.4	Nr.6	__ : __
15	Nr.7	Nr.3	__ : __
16	Nr.6	Nr.1	__ : __
17	Nr.2	Nr.7	__ : __
18	Nr.3	Nr.5	__ : __
19	Nr.7	Nr.4	__ : __
20	Nr.6	Nr.2	__ : __
21	Nr.1	Nr.5	__ : __

coole Spielideen und andere

109

Spielpaarungen der 8er-Gruppe

Spiel Nr.	Mannschaft	Mannschaft	Ergebnis
1	Nr.1	Nr.2	___ : ___
2	Nr.3	Nr.4	___ : ___
3	Nr.5	Nr.6	___ : ___
4	Nr.7	Nr.8	___ : ___
5	Nr.2	Nr.3	___ : ___
6	Nr.4	Nr.1	___ : ___
7	Nr.8	Nr.5	___ : ___
8	Nr.6	Nr.7	___ : ___
9	Nr.5	Nr.4	___ : ___
10	Nr.1	Nr.8	___ : ___
11	Nr.3	Nr.6	___ : ___
12	Nr.7	Nr.2	___ : ___
13	Nr.6	Nr.1	___ : ___
14	Nr.2	Nr.5	___ : ___
15	Nr.4	Nr.7	___ : ___
16	Nr.8	Nr.3	___ : ___
17	Nr.4	Nr.2	___ : ___
18	Nr.1	Nr.5	___ : ___
19	Nr.6	Nr.8	___ : ___
20	Nr.7	Nr.3	___ : ___
21	Nr.8	Nr.4	___ : ___
22	Nr.5	Nr.7	___ : ___
23	Nr.3	Nr.1	___ : ___
24	Nr.2	Nr.6	___ : ___
25	Nr.3	Nr.5	___ : ___
26	Nr.4	Nr.6	___ : ___
27	Nr.1	Nr.7	___ : ___
28	Nr.8	Nr.2	___ : ___

Spielpaarungen der 9er-Gruppe

Spiel Nr.	Mannschaft	Mannschaft	Ergebnis
1	Nr.1	Nr.2	__ : __
2	Nr.3	Nr.4	__ : __
3	Nr.6	Nr.5	__ : __
4	Nr.7	Nr.8	__ : __
5	Nr.9	Nr.1	__ : __
6	Nr.2	Nr.3	__ : __
7	Nr.4	Nr.5	__ : __
8	Nr.6	Nr.7	__ : __
9	Nr.8	Nr.9	__ : __
10	Nr.5	Nr.2	__ : __
11	Nr.3	Nr.7	__ : __
12	Nr.1	Nr.4	__ : __
13	Nr.8	Nr.6	__ : __
14	Nr.9	Nr.5	__ : __
15	Nr.1	Nr.3	__ : __
16	Nr.4	Nr.2	__ : __
17	Nr.5	Nr.3	__ : __
18	Nr.6	Nr.9	__ : __
19	Nr.7	Nr.4	__ : __
20	Nr.1	Nr.8	__ : __
21	Nr.2	Nr.6	__ : __
22	Nr.5	Nr.7	__ : __
23	Nr.3	Nr.9	__ : __
24	Nr.4	Nr.8	__ : __
25	Nr.6	Nr.1	__ : __
26	Nr.7	Nr.2	__ : __
27	Nr.9	Nr.4	__ : __
28	Nr.8	Nr.3	__ : __

Spielpaarungen der 9er-Gruppe

Spiel Nr.	Mannschaft	Mannschaft	Ergebnis
29	Nr.1	Nr.5	__ __ : __ __
30	Nr.8	Nr.2	__ __ : __ __
31	Nr.9	Nr.7	__ __ : __ __
32	Nr.4	Nr.6	__ __ : __ __
33	Nr.7	Nr.1	__ __ : __ __
34	Nr.3	Nr.6	__ __ : __ __
35	Nr.5	Nr.8	__ __ : __ __
36	Nr.2	Nr.9	__ __ : __ __

Spielpaarungen der 1Oer-Gruppe

Spiel Nr.	Mannschaft	Mannschaft	Ergebnis
1	Nr.1	Nr.2	__ __ : __ __
2	Nr.3	Nr.4	__ __ : __ __
3	Nr.5	Nr.6	__ __ : __ __
4	Nr.7	Nr.8	__ __ : __ __
5	Nr.9	Nr.10	__ __ : __ __
6	Nr.2	Nr.5	__ __ : __ __
7	Nr.4	Nr.1	__ __ : __ __
8	Nr.6	Nr.3	__ __ : __ __
9	Nr.10	Nr.7	__ __ : __ __
10	Nr.8	Nr.9	__ __ : __ __
11	Nr.5	Nr.4	__ __ : __ __
12	Nr.3	Nr.2	__ __ : __ __
13	Nr.1	Nr.6	__ __ : __ __
14	Nr.7	Nr.9	__ __ : __ __
15	Nr.10	Nr.8	__ __ : __ __
16	Nr.2	Nr.6	__ __ : __ __
17	Nr.4	Nr.7	__ __ : __ __

Spielpaarungen der 10er-Gruppe

Spiel Nr.	Mannschaft	Mannschaft	Ergebnis
18	Nr.8	Nr.5	___ : ___
19	Nr.9	Nr.1	___ : ___
20	Nr.3	Nr.10	___ : ___
21	Nr.7	Nr.2	___ : ___
22	Nr.6	Nr.8	___ : ___
23	Nr.10	Nr.4	___ : ___
24	Nr.5	Nr.9	___ : ___
25	Nr.1	Nr.3	___ : ___
26	Nr.7	Nr.6	___ : ___
27	Nr.2	Nr.10	___ : ___
28	Nr.9	Nr.4	___ : ___
29	Nr.8	Nr.1	___ : ___
30	Nr.3	Nr.5	___ : ___
31	Nr.6	Nr.9	___ : ___
32	Nr.4	Nr.2	___ : ___
33	Nr.1	Nr.7	___ : ___
34	Nr.10	Nr.5	___ : ___
35	Nr.8	Nr.3	___ : ___
36	Nr.6	Nr.4	___ : ___
37	Nr.10	Nr.1	___ : ___
38	Nr.3	Nr.9	___ : ___
39	Nr.5	Nr.7	___ : ___
40	Nr.2	Nr.8	___ : ___
41	Nr.6	Nr.10	___ : ___
42	Nr.7	Nr.3	___ : ___
43	Nr.5	Nr.1	___ : ___
44	Nr.4	Nr.8	___ : ___
45	Nr.9	Nr.2	___ : ___

coole Spielideen

Ergebnis-übersicht

Tabelle für maximal zehn Mannschaften

Punkte Tore Platz

Mannschaften

Jeder gegen jeden.
(Hin- und Rückspiele)

Mannschaften

Einfaches K.O.-System

Spielpaarungen
für 32 Einzelspieler bzw. Teams

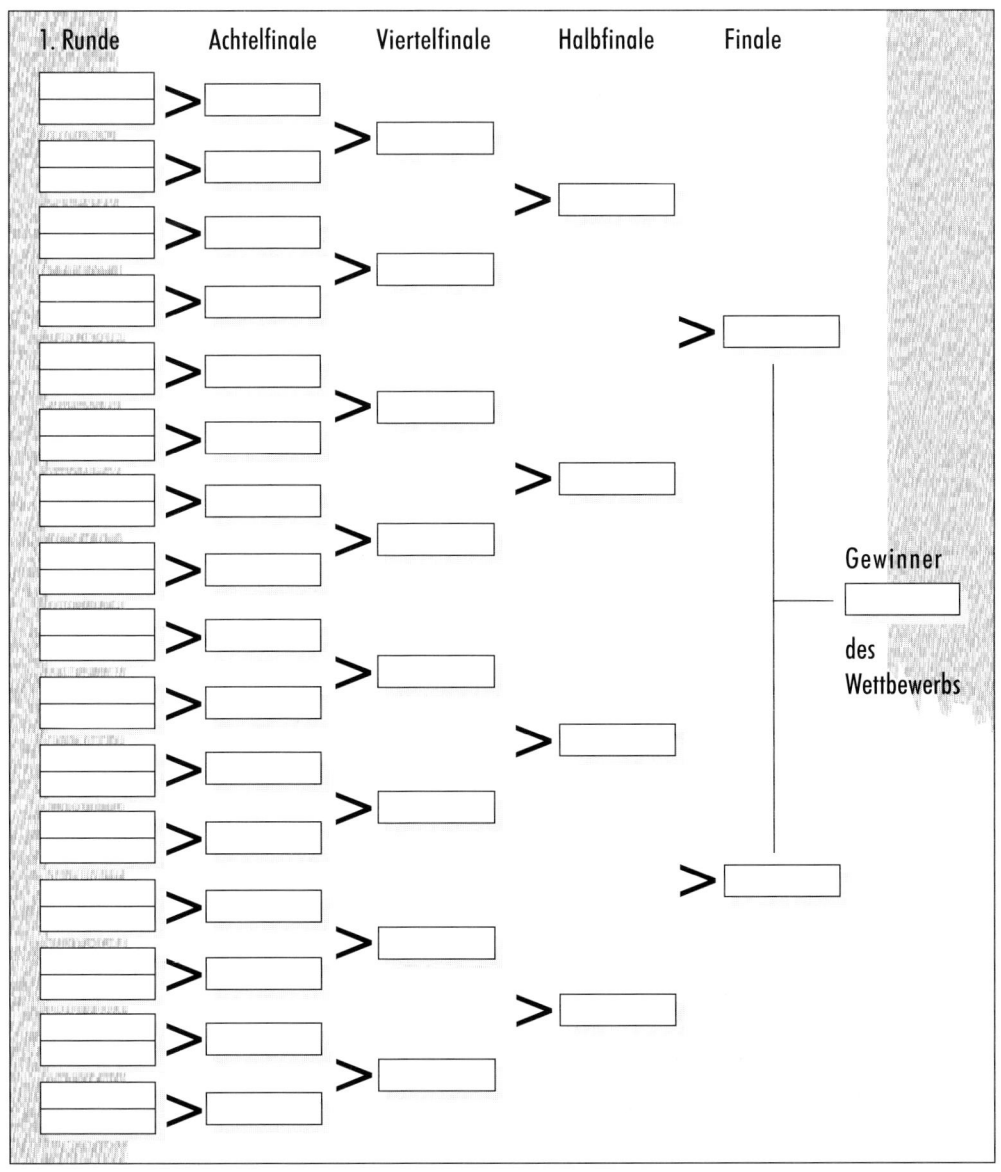

1. Runde	Achtelfinale	Viertelfinale	Halbfinale	Finale

Gewinner

des
Wettbewerbs

Nach einer Niederlage scheidet der Einzelspieler/das Team aus.

Turniersystem für 16 Teams

Die Teams werden in 4 Gruppen aufgeteilt, wobei in jeweils 6 Paarungen alle Teams gegeneinander spielen.

Gruppe I	Gruppe II	Gruppe III	Gruppe IV
(Team 1, 2, 3 u. 4)	(Team 5, 6, 7 u. 8)	(Team 9, 10, 11 u. 12)	(Team 13, 14, 15 u. 16)
T 1 : T 2	T 5 : T 6	T 9 : T 10	T 13 : T 14
T 1 : T 3	T 5 : T 7	T 9 : T 11	T 13 : T 15
T 1 : T 4	T 5 : T 8	T 9 : T 12	T 13 : T 16
T 2 : T 3	T 6 : T 7	T 10 : T 11	T 14 : T 15
T 2 : T 4	T 6 : T 8	T 10 : T 12	T 14 : T 16
T 3 : T 4	T 7 : T 8	T 11 : T 12	T 15 : T 16

Die beiden erstplazierten Teams aus den 4 Gruppen kommen in die nächste Runde.
Zwei neue 4er-Gruppen (A und B) entstehen:

Gruppe A: Das erstplazierte Team aus Gruppe I, das zweitplazierte Team aus Gruppe III,
das erstplazierte Team aus Gruppe II, das zweitplazierte Team aus Gruppe IV.

Gruppe B: Das erstplazierte Team aus Gruppe III, das zweitplazierte Team aus Gruppe I,
das erstplazierte Team aus Gruppe IV, das zweitplazierte Team aus Gruppe II.

Wieder spielen in sechs Paarungen alle vier Teams von Gruppe A und Gruppe B gegeneinander:

Gruppe A	Gruppe B
1. aus Gruppe I : 2. aus Gruppe III	1. aus Gruppe III : 2. aus Gruppe I
1. aus Gruppe I : 1. aus Gruppe II	1. aus Gruppe III : 1. aus Gruppe IV
1. aus Gruppe I : 2. aus Gruppe IV	1. aus Gruppe III : 2. aus Gruppe II
2. aus Gruppe III : 1. aus aus Gruppe II	2. aus Gruppe I : 1. aus Gruppe IV
2. aus Gruppe III : 2. aus Gruppe IV	2. aus Gruppe I : 2. aus Gruppe II
1. aus Gruppe II : 2. aus Gruppe IV	1. aus Gruppe IV : 2. aus Gruppe II

Gegen Ende des Turniers bieten sich zwei Alternativen an: Einerseits können die erstplazierten Teams von Gruppe A und B den Turniersieg ausspielen. Die zweitplazierten Teams spielen in diesem Fall um den 3. und 4. Platz. Andererseits kann ein letztes Mal mit den erst- und zweitplazierten Teams der Gruppen A und B eine 4er-Gruppe gebildet werden. Erneut spielen alle Teams in sechs Paarungen gegeneinander. Das erstplazierte Team nach diesen sechs Spielen ist auch Turniersieger. Bei dieser Turnierplanung gibt es also kein "richtiges" Endspiel.

Register der Spiele und Spielvarianten

Aktivkartei
Fitneß-Training
ohne Trott

700 abwechslungsreiche Übungen
in Gruppen oder einzeln, mit oder ohne Geräte,
drinnen oder draußen

Peter Naunheim
256 S., A4, Pb.
42,- DM/sFr/311,- öS
Best. – Nr. 2229

Mit Sonnenschirmständern eisstockschießen, mit Fahrrad-
schläuchen rudern oder mit alten Plastikflaschen die Mus-
keln trainieren - Fitneß-Freaks und alle, die es werden wollen, werden hier schnell fündig. 700 Basisübungen für ein
abwechslungsreiches Erwärmungs- und Konditionstraining
werden einfach und verständlich(!) beschrieben. Bewährte
Klassiker finden sich ebenso wie wenig bekannte oder ganz
neue Übungsformen. Zu jeder Übung gibt es eine Zeichnung,
die die Bewegungsformen zeigt und so auch die letzten Un-
klarheiten beseitigt. Infos zu Sportgeräten und Trainingsab-
läufen runden die Sammlung ab. Ein umfassendes Nach-
schlagewerk für Profis (Sportlehrer, Übungsleiter und Trai-
ner werden es zu schätzen wissen) und ein guter Einstieg für
sportliche Amateure.

Fit gespielt

New Games
Fallschirmspiele

Dale LeFevre, Todd Strong
118 S., Pb., viele Fotos,
24,80 DM /sFr/184,- öS
Best. – Nr. 2125

Fallschirmspiele sind nicht nur gut zum Fliegen. Sie eignen sich
auch ideal für Spiele am Boden. Unsere "New Games: Fallschirmspiele" bieten 60 neue Spielideen, die es in sich haben: Spiele für
Kinder und Erwachsene, für Müde und Muntere, für Behinderte
und Nichtbehinderte, für drinnen und draußen. Außerdem gibt es
Hinweise für GruppenleiterInnen und viele praktische Tips für ein
luftiges Vergnügen.

New Games
Die neuen Spiele

New Games, Band 1
Andrew Fluegelmann
192 S., Pb., 250 Fotos,
35,- DM/sFr/259,- öS
Best. – Nr. 2000

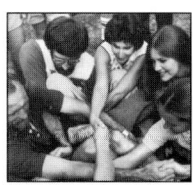

New Games, Band 2
Andrew Fluegelmann,
Shoshana Tembeck
192 S., 230 Fotos,
35,- DM/sFr/259,- öS
Best. – Nr. 2001

Je Band 60 neue Spiele für jedes Alter von 3-99 gegen den
Schulfrust, gegen Aggression und Gewalt und für ein konstruktives Ausleben der eigenen Energien, für ein spielerisches Kräfte-
messen und ein lustvolles Miteinander-Umgehen. Spiele für 2-
200, für die ganze Familie und für den ganzen Tag, Rezepte für
ein Spielfest und dafür, wie man Spiele spielend leitet.

Das kleine Buch
der neuen Spiele

Dale LeFevre
132 S., A5, Pb., viele Fotos,
16,80 DM/sFr/125,- öS
Best. – Nr. 2004

Wie Energie von mir ausgeht, so kommt sie zurück. Mit dieser
Grundhaltung bereist der Autor die ganze Welt und bringt mit sei-
nen "Neuen Spielen" Katholiken und Protestanten in Irland, Pa-
lästinenser und Juden in Israel, Schwarze und Weiße, Alte und
Junge zusammen. Über 30 Spiele ohne Sieger, viele Hinweise für
SpielleiterInnen und ausführliche Spielbeschreibungen.

Gemeinsam leben lernen

Kommunikation und Selbstsicherheit
Interaktionsspiele mit Jugendlichen

Udo Kliebisch
Best. – Nr. 2209

Kooperation und Werthaltungen
Interaktionsspiele mit Jugendlichen

Udo Kliebisch
Je ab 12 J., ca. 168 S., Pb., A4
42,- DM/sFr/311,- öS
Best. – Nr. 2211

Lernen findet statt, wenn die Kinder sich emotional beteiligen. Dazu müssen sie aktiv werden und sich mit anderen auseinandersetzen. Tatsächlich aber mangelt es Kindern und Jugendlichen an grundlegenden interaktiven Fähigkeiten, und es wird immer schwieriger, in und mit Gruppen pädagogisch zu arbeiten. Die Bände bieten über 50 spielerische Möglichkeiten, interaktive Fähigkeiten zu erfahren und einzuüben: Kommunikation und Selbstsicherheit in der Gruppe, Kooperation und Werthaltung im Umgang mit anderen. Neben Spielanleitungen, Hinweisen zur Durchführung und zum psychosozialen Hintergrund finden sich Auswertungsbögen für die SpielleiterInnen sowie Materialien, Arbeitsbätter und Kopiervorlagen für die Gruppe.

Wilde Zeit: Von Teddyboys zu Technokids
Ein Arbeitsbuch zur Jugendkultur von den 50er Jahren bis heute

K. Poell, W. Tietze, E. Toubartz
Ab 13 J., 160 S., A4, Pb.
42,- DM/sFr/311,- öS
Best. – Nr. 2230

Lieber 'n Punk im Schrank als 'n Ted im Bett? Gerade heute, wo die Moden und Strömungen vergangener Jahrzehnte von den Jugendlichen wahllos geplündert werden, lohnt sich ein Blick auf die Ursprünge der Jugendrebellion: Wer waren die Halbstarken? Wogegen protestierten die 68er? Was bestimmte das Lebensgefühl der ersten Punks? Schon immer schaffen sich Jugendliche eigene Identitäten, sprießen neue Lebensformen aus der Weigerung, Vorgelebtes nachzuleben. Das Arbeitsbuch "Wilde Zeit" ist so vielseitig wie der jugendliche Alltag selbst: Zeitungsausschnitte, Interviews mit Zeitzeugen, Singlecover, Konzert- und Filmplakate oder Fotos aus Privatarchiven hauchen auch vergilbten Zeiten wieder rebellisches Leben ein. Über Arbeits- und Projektvorschläge lernen die Jugendlichen von ihren (ehemaligen) Altersgenossen: denn die Probleme mit Sex, Drogen, Gruppe, Elternhaus und Schule bleiben.

Eingegrenzt und grenzenlos
Projektideen und Materialien zum Thema "Grenzen"

Jürgen Adam
Ab 13 J., ca. 80 S., A4, Papph.
ca. 36,- DM/sFr/267,- öS
Best. – Nr. 2238
(Erscheint Juli 1996)

Grenzen engen ein, Grenzen muß man überschreiten ... Doch wie weit dürfen Grenzverletzungen gehen (z.B. in der Werbung, in persönlichen Auseinandersetzungen, in politischen Konflikten)? Denn Grenzen schützen auch: Schmerzgrenzen, Leistungsgrenzen, Grenzen des Wachstums etc.. Jugendliche erleben Grenzen als Barrieren, aber auch als Orte der Selbsterprobung: Grenzbereiche und Extremsituationen üben eine magische Wirkung auf Heranwachsende aus. Doch es gilt auch, (fremde) Grenzen zu akzeptieren und (eigene) Grenzen setzen zu lernen: Nur wer Grenzen setzt, kann Nähe zulassen. Die Arbeitsmappe bietet vielfältige Anregungen sowie umfangreiches Text- und Bildmaterial zu Themenbereichen wie politische Grenzen, Leistungsgrenzen, Grenzsituationen, Grenzüberschreitungen, ökologische und ökonomische Grenzen, Ausgrenzung, ethische Grenzen u.v.a. Ein Projekt für Grenzgänger, das Fächergrenzen sprengt.